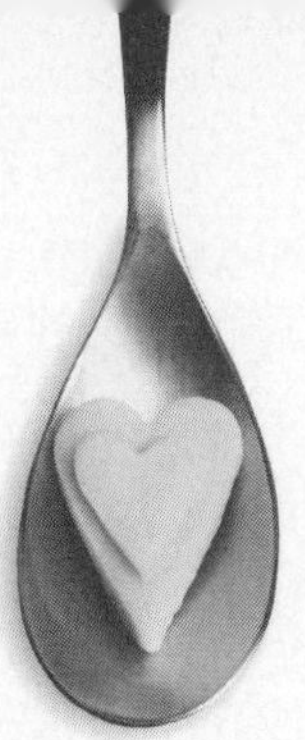

もっと自分を愛してあげるために

〈からだ〉に聞いて食べなさい

Écoute et mange

Lise Bourbeau
リズ・ブルボー 著

Yumeji Asaoka
浅岡夢二 訳

ハート出版

感謝の言葉

この本を世に送り出すことができるのは、数え切れない人々の協力のおかげです。

私がこのテーマに取り組んで約三〇年、プライベートな友人から、仕事で知り合った人たちまで、さまざまな国、さまざまな文化圏の幅広い年齢層の人たちが、私に力を貸してくれました。いろいろな書籍を参考にしましたが、何よりも大切にしたのは、私自身やこれらの方々の実体験です。具体例を土台にして、考えを発展させることができました。あらためて、協力してくださった方々に、感謝の気持ちをお伝えいたします。

中でも、スイス・ドイツ統合ETCセンターの責任者、ステラとダヴィッドに心からの感謝を捧げます。二人の勧めがなければ、この本の刊行はあり得ませんでした。私が、自分の〈食〉から学んだことを話すと、二人は、この経験をぜひ本という形で伝えるべきだと説得してくれたのでした。多くの人々が、かなり以前からこのテーマについての本を待ち望んでいる、ということに気づかせてくれたのです。

また、素晴《すば》らしい校正をしてくださったミシュリーヌ・サン＝ジャックとナタリー・テリオに感謝の意を捧げます。

さらに、惜しみない協力によって、この本の出版を実現させてくださった、ETC出版のジャン＝ピエール・ガニョン社長に大きな感謝を捧げます。

この本の原稿にすぐれたコメントをしてくれた、国際ETCセンターの所長を務める私の娘、モニカ・シールズに感謝します。彼女は、フランス語版のカバーならびに本文のデザインも担当してくれました。

はじめに

一九八二年に私の主催するＥＴＣセンターを設立してから、はや二七年がたちました。これまで多くの方々とともに、〈食〉というテーマを通して〈自分〉について学ぶことができたのは、私の大きな喜びです。

センター開設の前年の一九八一年に、私は、食べたものと飲んだものを全部書き出してみることにしました。当時、体重が一〇キロも増えてしまい、その原因をつきとめたかったからです。このエクササイズを始めたときは、この試みが私の人生を大きく変えてしまうなどとは、想像もしていませんでした。しかし、この忘れがたい経験は、私を精神的な世界から霊的な世界へと導いてくれたのです。

ＥＴＣセンター設立以前も、私にとって精神的なものは重要でした。営業の仕事をしていた一五年間、上司から常に、〈プラス思考〉でいるようにとアドバイスされていましたし、実際、この姿勢は、セールスでの売り上げの伸びに大きく貢献しました。どんな問題でもポジティブに受けとめ、いつもプラス思考でいるように自分をリセットし続けていたのです。

おかげで優秀な成績を上げることができました。しかし、当時はまだ、精神的なものの奥にある深い核心まで考える余裕がありませんでした。「自分の気持ちを前向きな状態にしているように」と、ただ繰り返し自分に言い聞かせているだけだったのです。

食べたり飲んだりしたものを書き出すエクササイズを始めてから数カ月後、いつのまにか、私は以前の体重に戻っていました。そればかりでありません。このエクササイズを機に、体重の問題を超えて、自分の〈存在〉そのものについて考え、自分がどんな人間で、どんな〈恐《おそ》れ〉や〈思い込み〉を抱《かか》えているか、ということを意識できるようになったのです。そして、素晴らしいことに、それまで何年も悩んでいたさまざまな問題まで、すっきりと解決できたのです。

この経験が私に教えてくれたのは、**「〈からだ〉が真に必要としているものを感じることができると、〈感情〉や〈精神〉が本当に望んでいることも感じられる」**という事実でした。〈物質体《フィジカル・ボディ》〉、〈感情体《エモーショナル・ボディ》〉、〈精神体《メンタル・ボディ》〉の三つの体《ボディ》は深く結びついていて、一つのボディの変化は他の二つのボディに影響を与える、ということを身をもって知ったのです。体重の問題が解決すると同時に、感情的、精神的な悩みも消えたのはこのためでした。この経験が、ETCセンター立ち上げの原点です。

センターの二七年間の活動の集大成として、またセミナーに参加してくださった方々や読者のみなさんの要望に応《こた》えるために、この本を書くことにしました。この本を通し、私個人と仲間の経験を土台にして、私が学び、かつ深めてきたことをすべてお伝えするつもりです。

この本でも私は、他の本と同様に、親しみを込めた口調を使わせていただこうと思います。あなたと、より親しく、より深い関係を築いていきたいからです。

また、この本の目的が〈栄養指導〉ではないことを、はっきり申し上げておきましょう。その分野ではすぐれた本がたくさん出版されていますので、そちらを読まれることをお勧めします。

本書の目的は次の通りです。

▼自分を無意識のうちに支配している〈コントロール〉の正体と、その程度を知る。

▼自分の食べ方を、もっと意識化する。

▼食べることと、〈感情〉、〈精神〉、〈魂〉の関係を理解する。

▼自分が本当に望んでいるものを感じるのが、なぜ難しいかを理解する。

▼からだや心にとって必要な栄養をとるのをさまたげている〈傷〉の存在を意識できるようにする。

▼食べる前に、いつも、からだのニーズを聞き取れるようにする。

▼あらゆる瞬間の自分を、ありのままに受け入れ、愛する。

では、充実したよい読書になりますように！

リズ・ブルボー

〈からだ〉に聞いて 食べなさい

もくじ

第七章　もっと自分を愛してあげるために

Écoute et mange
(Listen and eat)

Japanese translation rights arranged with Les Éditions E.T.C. Inc ,Canada.
http://www.leseditionsetc.com/

第一章　何があなたをコントロールするのか？

自分をコントロールしない人は、自分の長所と短所をすべて受け入れ、自然体でいることができます。「自分はこんな人間だ」と決めつけたりしませんし、いたずらに自己卑下《ひげ》したりもしません。ありのままの自分を受け入れて、日々、その時々を満たされて生きています。

このような人たちの生き方は〈物質体〉、〈感情体〉、〈精神体〉の三つの体《ボディ》に同時に現われます。中でも〈物質体〉は、触れたり、感じたり、見たりすることができるので、とらえにくい〈感情体〉や〈精神体〉に何が起こっているのかを知る手がかりになります。

私たちは誰もが、程度の差はあれ、心理的な〈コントロール〉をさまざまな状況で行なっています。この、〈感情〉レベル、〈精神〉レベルでのコントロールは、それらと表裏一体の関係にある〈肉体〉にも影響し、私たちの食べ方に表われてきます。

たとえば、チョコレートを食べたくなること一つをとっても、あなたは肉体だけの問題だと思うかもしれませんが、それは違います。〈感情〉レベルや〈精神〉レベルでも変化が起こっているのです。

第一章と第二章のテーマは、私たちがつい行なってしまう、さまざまな〈コントロール〉と、それが食べものに及ぼす影響を、意識化できるようになることです。

コントロールと五つの傷

自分自身や他人を〈コントロール〉する人は、常に自分やまわりの人たちを監視していて、〈エゴ〉の命じるままに、何事も自分の思い通りにしようとします。

〈エゴ〉は、私たちの心に潜《ひそ》む〈恐れ〉を操《あやつ》って、勝手に私たちの行動を支配しますが、それはとんでもないことなのです。なぜなら、〈恐れ〉に促《うなが》されて行動する限り、私たちは自分でいることはできず、本当に望んでいることを感じられないからです。

エゴは、精神的エネルギーが私たちの記憶から作り出した〈過去〉の産物でしかないのです。したがって、〈いま〉の私たちに何が必要なのかを理解できません。だからこそ、自分がエゴに支配されているかどうか意識できることは、とても大切なのです。また、コントロールの正体を理解すると、自分が抱える〈傷〉を意識できるようにもなります。

ここでは、〈傷〉の違いに基づいて、コントロールの種類を分類します。まず、ＥＴＣセンターで教えている、五つの〈魂の傷〉について聞くのが初めての方のために説明しましょう。

傷には、〈拒絶による傷〉〈見捨てによる傷〉〈侮辱による傷〉〈裏切りによる傷〉〈不正による傷〉があり、私たちは、全員が、程度の差はあれ、これらの五つの傷を、ほぼ全部持っています。そして、これらの傷は、それぞれ独特のやり方で、あなた自身やあなたのまわりの人をコントロールするのです。

あなたが、生きていく上で、幸福、喜び、平和、調和を感じられずに、悲しみ、怒り、恐れ、悩み、病気、問題を抱えている時、あなたの〈傷〉のどれかがうずき、肉体のレベル、感情のレベル、精神のレベルで、あなたがそれに反応しているのです。この傷があなたに〈仮面〉をかぶせてしまうので、ありのままのあなたでいられません。

〈仮面〉は、傷の種類によって異なります。私たちは、〈傷〉の痛みから身を守れると思って、さまざまな〈仮面〉をつけるのです。ここで言う〈傷〉や〈仮面〉について、もっと詳しく理解するためには、このテーマをめぐって書かれた私の本『五つの傷』を参考にしていただけたらと思います。

もう一度繰り返しましょう。私たちはみんな、深さの違いはあれ、この五つの傷のほとんどを負ってこの世に生まれてきます。この傷こそが、〈魂〉が〈霊〉と一体化して、完全な、調和に満ちた存在になることをさまたげているのです。これらの〈傷〉を受け入れることで癒《いや》され、本当の自分になれるまで、私たちは転生輪廻を繰り返します。

傷はまず、受胎から七歳までのあいだに、両親または親代《が》わりになる人によって呼び覚まされ、それ以降は、両親や親代わりの人との経験を思い出させる人によって刺激されます。

傷のうずきに反応しているあいだ、私たちは自分ではなくなっており、自分が本当に何を望んでいるのか感じられなくなっています。これが、コントロールされている状態です。傷が作り出した〈思い込み〉によって、私たちは自分の必要《ニーズ》に耳を傾けることをさまたげられ、〈恐れ〉に操られて行動してしまうのです。

〈恐れ〉は、あなた自身のために存在しています。誰か他の人のために恐れていると思い込んでいても、実際はあなた自身のために恐れているのです。

自分が誰かのために恐れていると思い込んでいるときは、問題の原因が自分にあることを認めないように、私たちのエゴが働いているのです。

ここで、ある夫婦のことを一例としてお話ししましょう。奥さんは、肥満で糖尿病を患《わずら》うご主人の食事を四六時中見張り、何を、いつ食べ、いつ食べるべきでないかを指図し続けていました。

ある日、私たち夫婦はその夫婦とレストランで会食しました。二人は、ある健康管理センターにおける減量療法から戻ったばかりで、それが二週間ぶりのちゃんとした食事でした。ところが、ご主人がワインに口をつけたとたん、奥さんは怖い顔で夫をにらみつけたのです。これは無言のコントロールです。

そして、パンのお皿を自分の方へ引き寄せ、夫の手が届かないようにしました。さらにバターも同様にしました（物理的コントロール）。思っていること（精神的コントロール）を声にはしませんでしたが、彼女が心の内に怒り（感情的コントロール）を感じているのは明らかでした。

いちばん彼女の気にさわったのは、ご主人が心からその食事を味わい、楽しみ、そして何も気づかないふりをしていることでした。やがてデザートになり、彼は生クリームがたっぷりかかった大きなアイスクリームを二つも頼んだのです。その時でした。奥さんは感情を抑えきれなくなり、レストランの中でご主人をののしり始めたのです。

「馬鹿で無神経」に始まり、「治療のためにどれだけお金がかかったか分かってるの？　そのお金が全部、無駄になってしまったわ！」と怒りにまかせて言ってのけたのです。このあとのことは、ご想像におまかせしましょう。

この騒動のあと、私は彼女と二人きりになる機会を作り、なぜ、あれほどまでに怒ってしまったのかを尋《たず》ねました。すると、彼女は次のように話してくれました。自分のことはコントロールできたのに、夫をコントロールできなかったことで感情を抑えきれなくなってしまったのだと。

そして、夫を失うのをとても恐れていることも話してくれました。

私は、彼女がもっと他の〈恐れ〉を隠し持っているのではないかと直感し、質問を続け、ついに彼女が抱える〈恐れ〉の正体をつきとめたのです。彼女は以下のことを告白してくれました。

彼女の最初の夫はビジネスマンで出張が多かったため、食生活はとても乱れたものでした。それが災《わざわ》いして、ついに心臓発作で亡くなったのです。「もし、妻である自分が、もっと食事に気をくばっていたら」と、数年たった今も、彼女は夫の死に対する自責の念に苦しみ、今の夫が同じ運命をたどったら自分はまた一人ぼっちになってしまう、と強迫観念にとらわれるようになったのでした。

この夫人の行動から、〈コントロール〉、〈恐れ〉、〈思い込み〉を説明できます。レストランでの出来事は、彼女の〈傷〉が呼び覚まされ、その結果として引き起こされたものでした。彼女の場合は、二つの傷を確認することができるでしょう。〈不正による傷〉と〈裏切りによる傷〉です。〈不正による傷〉に苦しむ人は、何よりもまず完璧を求めます。この奥さんの場合、最初の夫に対して完璧な妻ではなかったという自責の念から、二番目の夫に対しては完璧であろうとしています。こうして彼女は〈頑固な人〉の仮面をつけてしまったのです。

次に、〈裏切りによる傷〉を持つ人は、誰かを信頼することができません。この場合、自分を信頼してくれず、懸命に尽くしても感謝の気持ちを持ってくれない夫を恨《うら》むようになりました。

こうして〈操作する人〉の仮面をつけるようになったのです。

この夫人は、夫や友人と一緒に食事を楽しみたいという内なる声に耳をかさず、強迫的な行動を取ってしまいました。本当の〈自分〉でいることをやめ、コントロールに支配され、自分の〈傷〉を隠す〈仮面〉をつけたのです。

あなたの傷が痛むとき

これらの傷に対して、私が〈呼び覚まされる傷〉という言い方をするのは、普段、私たちは、自分が内に抱えている〈傷〉を意識していないからです。誰かに刺激されて、痛みを感じて、初めて自分の中の〈傷〉の存在に気づくのです。

まわりに誰もいない時でさえ、〈傷〉が痛むことがあります。たとえば、今あなたは一人で家にいて、のんびりした時間を楽しみたいと思っていました。ところが突然、頭の中からこんな声が聞こえてくるのです。「お前には、のんびりする権利などない。怠《なま》け者であることを恥ずかしく思え！」

このように、一人でいるときでも〈恐れ〉によってコントロールされることがあります。この〈恐れ〉は、幼年期に両親などの影響で形成された〈思い込み〉が生み出すものです。

「怠けもの」と裁《さば》かれることに対する〈恐れ〉が、あなたの中に住み続け、あなたに対して、常に活動的であるように働きかけるのです。そして、のんびりしているところをちょっとでも見られたり、時々は怠けているのだろうと思われたりすることさえ恐れます。つまり、〈傷〉がうずくのは、人から裁かれることに対する〈恐れ〉、また、その〈恐れ〉が現実とならないためにはこうせねばならないと命令する〈思い込み〉が原因なのです。

亡くなった両親をいつまでも恐れている人もいます。両親が言ったのと反対のことをしている時、「もし今の自分を母が見たら、お墓から戻ってくるかもしれないわ」などとつぶやくのを聞くと、彼らが、もうこの世の人でない両親をいまだに恐れ、罪悪感を持ち続けているのが分かるでしょう。

どの〈傷〉も、三通りのうずき方をします。

①他人に傷つけられるのを恐れることによって
②他人を傷つけるのを恐れることによって
③自分自身を傷つけることによって

これらは、無意識のうちに起こる場合がほとんどです。

〈コントロール〉については、〈コントロールしていない時〉、なんらかの形で〈コントロールしている時〉、〈コントロールできなくなってしまった時〉と、いろんな状態からコントロールについて説明することができます。コントロールできなかったことを悔《く》やみ、罪悪感を持ってしまうことさえあります。

　普段、私たちは、〈傷〉が痛むのを感じることはありません。まわりの人、または特定の状況が、〈傷〉の存在を気づかせてくれるのです。

　この章では、〈コントロール〉が〈傷〉の痛みに対して、無意識のうちに行なってしまう反応を説明します。第二章では、この反応があなたの食生活にどんな影響を与えているかを、お話しします。そのことによって、別の角度から〈傷〉のうずきを理解していただけるでしょう。

　ではこれから、〈傷〉によって〈コントロール〉がどう現われるかについてお話ししましょう。

〈拒絶による傷〉

　まず、〈拒絶による傷〉から始めましょう。私たちは、人から拒絶されたり、自分が人を拒絶したりするのを恐れる時、また、自分で自分を拒絶する時、どんな〈コントロール〉をしているのでしょうか？

▼たえず活動的でなければならないという強迫観念をいだき続け、まわりの人の自分に対する評価を気に病《や》み、傷つけられることを恐れる。

▼気持ちが高ぶりがちで、不眠症になる。

▼その場から逃げ出し、夢想することで、現実から逃避する。

▼ある事実が受け入れられないとき、その現実を直視しようとしない。そのために、問題の状況や人物が、なんの邪魔にもならないし、気にもならないと思えてしまう。この種のコントロールは、たいてい無意識のうちに行なわれるので、自分がどんな時に現実を無視して逃避しているか、近しい人たちに教えてもらわなければ分からない。

▼人からいくら賞賛されても素直に受け取ることができず、もしその人が本当の自分を知っていたら、ほめるはずがないと思う。

▼自分の〈存在〉を恥ずかしいと思い、他の人に自分がどんな人間か知られたくない。

▼人から嫌《きら》われたり、失望されたりするのを恐れるあまり、自分の殻《から》に閉じこもってしまう。

〈拒絶による傷〉の最も重要な点は、〈行動〉や〈所有〉のレベルではなく、**〈存在〉のレベルで呼び覚まされる**ということです。たとえば、人前でプレゼンテーションをしなければならない場合、へとへとになるまで準備をし、心配で眠れないくらい緊張してしまいます。

しかし、あなたが恐れているのは、プレゼンテーションの不出来そのものではなく、まわりからの期待通りにやれず、無能だと裁かれることなのです。特に、あなた自身が自分に対して非現実的なほどの完璧さを課してしまいます。あなたがこのカテゴリーに入るなら、まわりの人から価値のある存在だと思われている、愛されている、受け入れられていると感じるために、自分の言動をコントロールしている可能性がきわめて高いはずです。

〈見捨てによる傷〉

ここでは、人から見捨てられたり、自分が人を見捨てたりするのを恐れる時、また、自分で自分を見捨ててしまう時の行動について話しましょう。

▼夫または妻に気に入られようと、陽気で幸せそうなふりをする。

▼自分のことより、まわりの人が必要としていることを優先し、しかもその方が自分は幸せだと思う。

▼まわりの注意を引くために泣く。

▼訴えたいこと、不平があるとき、めそめそして泣きごとを言う。

▼人の注意を引くために、たえず邪魔をしてしまう。

▼〈犠牲者〉を演じる。つまり、無意識のうちに問題を引き寄せる。

▼自分に起こったことを大げさに誇張して話す。

▼自分の病気を利用して、人が自分の世話をするように仕向ける。

▼他の人が〈見捨てられた〉と感じないように気を使うあまり、自分が望んでいることを意識できなくなる。

▼何かをやり始め、目的を達することなくあきらめたとき、「この人がもっとサポートしてくれたらうまくいったのに」と責任転嫁し、まわりの人を一方的に非難する。

▼一人になると、何にも興味が持てず、同じことをくよくよ考える。

▼自分に起こったことを、電話ででも、直接会ってでも、誰かに話さずにはいられない。

▼自分には、愛する人の身近にせまった死を受け入れることができないと思う。

▼夫あるいは妻、子どもから見捨てられるのを恐れて、何でもじっと辛抱《しんぼう》する。

▼別れた方が自分にとっていいと分かっていながら、一人ぼっちになるのを恐れて、その人との関係を終わらせることができない。

▼自分ひとりで解決できるかもしれないのに、それを確かめさえしないで、すぐ人に助けを求める。

▼自分の用事で相手の話を中断させる。

▼自分は、他の人たちよりずっと深刻な問題を抱えていると思い込んでいる。

〈侮辱による傷〉

〈侮辱による傷〉を持っている人は、誰かを侮辱したり、誰かから侮辱されたりするのを恐れる時、また、自分で自分を侮辱する時、コントロールが働き、次のような態度をとります。

▼誰かがあなたを物理的、心理的に侮辱しても、あなたは言われるままでいる。

▼自分のことをなおざりにしてでも、困っている人を助けなければならないと思ってしまう。

▼どんなことでも他の人について悪く言うのを我慢《がまん》する。

▼神から見られていると思い、肉体的な欲望を抑え込んでしまう。

▼自分を、粗雑で、恥ずべき汚らしい存在だと感じる。

▼自分自身にうんざりする。

▼自分を貶《おとし》めて人を笑わせる。

▼ほめられても素直に受けとれず、自分はその賞賛に値《あたい》する人間ではないと思い、むしろ相手の方がその賞賛を受ける価値があると思う。

▼神にとがめられないためになら何でもする。

▼自分は人類を苦しみから救わなければならないと思い込む。

▼他の人の方が自分より苦しいと考え、自分よりその人を優先させる。

▼ふしだらだと思われるのを恐れて、官能の悦《よろこ》びに身をゆだねることができない。

▼エゴイストと見られるのを恐れて、肉体的な悦びを感じるのを我慢する。

〈裏切りによる傷〉

〈裏切りによる傷〉は、五つの傷の中でも、最もまわりの人をコントロールする傾向があります。ここでは、人から裏切られたり、自分が人を裏切ったりするのを恐れる時のコントロールについてお話ししましょう。忘れないでいただきたいのは、人に対してやっていることは、自分に対してもやっているということです。

信頼が裏切られた時、ウソをつかれた時、約束を破られた時、卑怯《ひきょう》な態度や、無責任な行為をされた時、私たちは〈裏切り〉に苦しみます。そしてこれらから説明するコントロールは、異性との関係で経験されるはずです。

▼相手を言い負かそうとする。

▼ウソをつく。

▼相手が全部話し終わらないのに話をさえぎる。

▼相手の話を終わりまで聞かずに結論をせかす。

▼恨みを持ち続け、自分の殻にこもってしまい、口をきかなくなる。

▼初めての出会いで、一方的に大声で話し続け、相手に話すひまを与えない。

▼相手を疑い、信用しない。

▼自分が才能のある特別な存在として認められるためなら何でもする。

▼はっきりと約束していたわけでもないのに何かを期待する。

▼相手が自分の期待通りにてきぱきしていないとイライラしてしまう。

▼自分の思い通りにいかないと腹を立てる。

▼相手が自分に同意しないと納得できない。

▼相手を懐柔《かいじゅう》してでも自分の思い通りにしようとする。

▼自分のうっかりミスや裏切りを、相手のせいにする。

▼相手が自分の思うように仕事をするか見張る。

▼誰かに何かを頼んでも、たちまち信用できなくなり、相手のやり方を内心疑ってしまう。

▼相手と正面きって誓い合おうとしない。

▼自分の失敗やうっかりミスの責任を自分で取らずに、相手が取るように要求する。

▼相手を変えようとして、相手をあざ笑う。

▼相手の忠告を、はなから拒絶する。

▼相手を威嚇《いかく》しようとする。

▼自分の思い通りにならないと、ふくれっつらをする。

▼相手を怒鳴《どな》ったり、脅《おど》したりする。

▼自分のやり方を相手に押しつける。

▼相手の意見も聞かず、物事を決める。

〈不正による傷〉

最後は〈不正による傷〉です。この傷は、潔癖主義で自責の念にとらわれがちな人に見られます。コントロールが行なわれるのは、自分自身や、同性に対してです。

これから述べる態度をとる時、あなたは、人が自分に対して不正であること、自分が人に対して不正であったり、完璧でなかったりすること、また、自分が自分に対して、不正であったり、完璧でなかったりすることを恐れています。

▼自分の限界を考えず、常に能力以上のことをやろうとする。

▼現実は違うのに、すべてがうまくいっているふりをする。

▼現実を曲げてでも自分を正当化する。

▼人から手伝ってもらうより、自分ひとりでやってしまった方がいいと思う。

▼感情を表に出さないようにする。

▼泣くのを堪《こら》え、人前では涙を見せない。

▼相手が感じやすすぎると言って非難する。

▼薬を飲んだり、医者に診察してもらうのを我慢する。

▼自分がしたばかりのことについて、くよくよ考える。

▼同じことを繰り返しやる。

▼相手が話している最中でも、間違っていると思うと話をさえぎる。

▼自分がやり終えたことを、「完璧だ」と言い張る。

▼問題が起こったとき、内容を見きわめ、原因を確認したりすることなく、ただがむしゃらに解決したがる。

▼相手の行動が間違っていた、と非難する。

▼正しい対応をした、と自分を正当化する。

▼状況が不当だと言って腹を立てる。

▼自己改善のためだと言って、自分自身を厳しく非難する。
▼何かをなしとげても自分を卑下し、価値を見出せない。
▼相手からの借りを作るのを恐れて、何も受け取ることができない。
▼不正な人間、または非情な人間だと思われるのを恐れて、人からの頼みを断れない。
▼自分にはその資格がないと思い込んで、何かを楽しむことができない。
▼作り笑いをする。
▼怠け者になるのを恐れて、仕事ばかりしている。
▼自分の心の声に耳を傾けず、本当に欲《ほっ》していることを我慢する。

▼相手が責任をとらないと言って非難する。

▼怒りを押し殺して、人に見せないようにする。

▼誰か近しい人が不幸な状況の時、自分が幸せであってはいけないと思う。

〈裏切りによる傷〉と〈不正による傷〉は、他の傷に比べて自覚しにくいのですが、それは〈操作する人〉と〈頑固な人〉のエゴが、より強力だからです。エゴが強いため、この二つの傷は、非常に激しい反応を引き起こします。エゴが強ければ強いほど、エゴは、自分がよいと思うことを私たちが信じ込むように仕向けます。たとえば、自分が正しくて、非は相手にある、と思い込むのもその一つです。

勇気を持って自分を知る

ここでもう一度、すべてのコントロールについて読み返してみてください。そうすれば、次の第一章をよりよく理解いただけるはずです。

どんなコントロールを、どんな人（子ども、配偶者、友人など）に対して、どんな状況で行なったかということを書き出してみましょう。次に挙げる分野は、あなたの参考になるはずです。

▼容貌
▼衣服
▼金銭面
▼家事、仕事
▼外出、余暇、休暇
▼つきあっている友人
▼勉強
▼職業の選択
▼気づかいや愛情
▼セックスの問題
▼心構え、態度
▼信仰、魂の向上

近しい人に、あなたがどんなコントロールをしているか聞いてみるのも良いでしょう。この方法は、ある程度、屈辱的な思いに耐えなければならないことを覚悟しておいてください。でも、この本の読者であるあなたなら、自分の人生の質を向上させるために、その勇気をお持ちのはずです。

さらに問題を深く知るために、自分は、どんな状況で、どんなことに関して、自分や相手を非難し、裁いているかを、じっくり反省して確認してみましょう。そうすることで、自分が抱える〈恐れ〉を知ることができます。このことについてはまた別の章でお話ししましょう。

自分が自分をどのようにコントロールしているかを知ることによって、どれくらいあなたの生き方が向上するか、実感していただけると思います。自分がどのようにコントロールしているかは、当然、食生活に影響を与えます。

では、〈傷〉と食べ方の関係について、これから学んでいきましょう。

第二章　あなたがそれを食べる理由

私たちの〈傷〉は、誕生から七歳までの時期に、両親もしくは親代わりの人によって、無意識のうちに呼び覚まされます。それ以降は、たとえさまざまな人に傷を刺激されたとしても、七歳までの経験の繰り返しにすぎません。

一例として、ある少女について考えてみましょう。この少女の母親は、男の子が欲しかったために、女の子の誕生に失望します。したがって、少女は生まれるとすぐ傷の痛みを経験しなければなりませんでした。もしかすると、母親の子宮にいた時期から、もう傷はうずき始めていたかもしれません。幼年期、思春期、成人へと成長していく過程で、少女は、母親の言動をすべて悪く解釈して、親子関係の葛藤《かっとう》に苦しむことになります。ここで忘れてならないのは、苦しみの原因はまわりの人ではなく、本人の〈傷〉にあるということです。

このことは、同じ親に育てられても、きょうだいのそれぞれが、まったく異なった性格を持つようになる事実からも証明されるでしょう。なぜなら、きょうだいは、生まれながらに、それぞれ異なる傷を持っていて、その傷の影響を受けながら成長するからです。

母親の影響はとても大きい

食に関しても、誕生から七歳までの時期、私たちは母親、または母親代わりの人から大きな影響を受けます。父親を太陽にたとえるなら、母親は恵みの大地のように、必要な食べものを子どもに与えて、はぐくんでくれます。また、心を育てるのも母親です。生きることが心地よく楽しいものである、と感じられるように育てるのが母親の役割なのです。それに対して、父親の役割は、生きていくために必要なものを創造し、行動できるように導いてくれることです。

母親が赤ちゃんに母乳を与えることは非常に重要です。あらゆる哺乳類が、生まれるとすぐ母親の乳房を探し求める、というこの世でいちばん自然な現象が、そのことを証明しているでしょう。たとえ、何らかの事情で、誕生後の数週間しか授乳できなかったとしても、その数週間は、赤ちゃんにとってはとても大きな意味を持つのです。

母親が授乳できなかったり、授乳するのをいやがったりした場合、赤ちゃんが女の子だったら、

〈拒絶〉による傷の、男の子だったら、〈見捨て〉による傷の、激しい痛みを味わうことになるでしょう。子どもの傷を呼び覚ますのが親である理由については、拙著『五つの傷』を参考にしていただけたらと思います。

子どもの〈傷〉を呼び覚ますのは親ですが、実は親自身も、子どもと同じ〈傷〉を持っているのです。ただ、普段はそのことに気づいていません。子どもは親にその傷を自覚させ、癒させる能力を持って、親のもとに生まれて来ます。そして、親が、自分自身の親との関わりの中で克服しきれなかった〈傷〉を自覚し、完治するのを助けてくれるのです。

赤ちゃんが母乳をいやがったり、消化できなかったりすると、母親は子どもから拒絶されたと感じ、〈拒絶による傷〉が呼び覚まされます。子どもに母乳を与えられないことで自分を責め、子どもから愛されないことを恐れるのです。

しかし、この母親が自分の意識を深く掘り下げていけば、彼女自身も子どもとして、自分の母親とのあいだで同じ経験をしていたという事実にたどり着くはずです。このように、何らかのネガティブな感情を持つことで、傷の存在を自覚できるようになります。母乳を拒絶する赤ちゃんは、成長後に拒食症になる場合がよくありますが、このテーマに関しては別の章で説明します。

母親の食に対する態度は、子どもに大きな影響を与えます。しかし、母親自身は自分の態度に気づいていません。これは母親との関わりの中で、子どもが自分の〈傷〉を意識できるようになるためです。

こうした親子の関係は偶然ではなく、子どもがその親のもとに生まれるのは、すべて計画された運命なのです。親と子がお互いの〈傷〉を意識し合い、助け合って克服するためです。

赤ちゃんが泣いて、どうしていいか分からず、泣き声にいらだってしまう時、母親は子どもの口に何かを含ませようとします。特に甘いものは効き目があるでしょう。

つい最近まで、赤ちゃんには、砂糖や蜂蜜をつけたおしゃぶりや、甘いジュースを入れた哺乳瓶がよく与えられていました。本当に欲しいかどうかとは関係なく、口に入れられるのです。こうして、幼いうちから、少しでも思うようにいかないと、何でもいいから口に入れる、という習慣をつけてしまいます。そのため、大人になっても、つらいことがあると、何かを食べることで気をまぎらわすようになるのです。

〈傷〉がうずくとき、本当に空腹なのか、本当にからだが必要としているのかが、きちんと自覚できなくなるのはこのためです。〈傷〉の種類によって、食べ方、飲み方はさまざまです。

〈拒絶による傷〉と食べものの関係――〈逃避する人〉の仮面

〈拒絶による傷〉を持つ人は、頭で考えてばかりいて、食欲を感じることがありません。感覚を働かせないので、食べものが必要なのかどうかをからだが感じないのです。小食で、皿に何があるかさえ気にせず、味わうこともなく、機械的に口に入れるだけです。〈逃避する人〉の仮面をつけているために、物理的な世界がどうなっているかということには興味がないのです。

〈逃避する人〉たちは、アルコールやドラッグなどのかわりに、砂糖で気をまぎらわせようとします。実際、砂糖がアルコールと同じ効果をもたらすことが観察されています。

からだに大量にとり込まれた砂糖を代謝するために、副腎は過剰に働き続けなければなりません。その結果、からだ全体が弱まり、気力が低下するでしょう。そうしてまた、元気を出すために再び砂糖をとるのですが、その効果はほんの短いあいだしか続かず、さらにまた砂糖を口にしなければなりません。からだに悪循環をもたらし、健康を害することになるのは明白でしょう。

また、〈逃避する人〉は香辛料の入った食べものを好みます。食べものを味わうことができないため、少なくとも香辛料の刺激を感じ、「味わった」という気分になりたいのです。激辛の料理でも平気で口にできるのは、この理由によります。

〈見捨てによる傷〉と食べものの関係――〈依存する人〉の仮面

この傷が呼び覚まされ、コントロールが働き出すと、〈拒絶による傷〉の場合と正反対の反応をします。まわりからの注意、やさしさ、支えという形で愛情が欲しいのに、それが得られず、どうしていいか分からないとき、食べものでそれを補《おぎな》おうとするのです。外から欲しいものが得られない心の空白を、食べることでまぎらわすわけです。

からだが必要としているわけではなく、満たされないむなしさを何とかしようとして、いつまでも「底なしに」食べ続けます。しかし、いくら食べても、空白感を消し去ることはできません。この空虚さが心の問題だと気づけない場合、食べものでは愛情の欲求を満たすことができないので、いくら食べてもきりがなく、いつやめていいかが分からないのです。こんな人は、心を、自分に対する愛情で満たさなければなりません。

私はこれまで、多くの〈依存する人〉が、楽しみを長引かせるために、非常にゆっくりと食べるのを観察してきました。自分に向けてほしい愛情を食べもので補っているのです。こういった人たちは、よく噛《か》む必要のない、軟らかい食べものを好む傾向があります。

〈侮辱による傷〉と食べものの関係 ――〈マゾヒスト〉の仮面

〈侮辱による傷〉を持っている人は、感覚的であることを恥ずかしいと思い、禁欲的に振る舞います。人前では自分の好物を食べることを控え、教養人にふさわしいと思われるものを選んで食べるようにします。しかし、あるところまでいくと我慢できなくなり、堰《せき》を切ったように食べ始めてしまうのです。

特においしそうなものを見ると、いっそう食べたくなります。お皿におやつなどがあったら、我慢できずに手をのばしてしまいますし、家に甘いお菓子や好物があると、ついつい食べてしまうのです。おなかがすいていないと分かっていても、手が出てしまいます。

こういった〈マゾヒスト〉は、食べものを肉体的に楽しんでも、心から楽しむことができません。肉体的快楽が大きいほど、それに流されているという罪悪感をいだいてしまうからです。

その一方で、肉体を感じないために食べるケースもあります。肉体を感じることはスピリチュアルでない、という思い込みから、空腹によって肉体を感じることになるのを恐れるのです。

こういう人は、一度食べ始めると、あらゆる理由をつけて食べ続けようとします。「もう食べすぎて一～二キロ太ってしまったはずだから、あとはいくら食べても同じことだわ」と自分に言いわけしながら、大食いでかまわないと開き直ります。

自分を苦しめ、罰するのがマゾヒストです。空腹でも苦しみ、食べすぎても苦しむのです。

このような人たちは、脂《あぶら》っこい食べものを好みます。気持ちが悪くなるまで、バター、クリーム、こってりしたソースなどを食べ続け、そんな自分をさらにいっそう恥じるのです。

〈裏切りによる傷〉と食べものの関係 ――〈操作する人〉の仮面

〈裏切りによる傷〉を持つ人は、まわりを自分の思い通りにコントロールしたがり、誰も信用しようとしません。食べ方も似ています。出された料理の味を確かめもせず、自分で調味料を加えなければ気がすまないのです。

あなたもご自分の態度を思い返してみてください。出された料理に、塩やコショウ、香辛料、砂糖、醤油など、とにかく何かを加えなければ気がすまない性格だったら、あなたは〈裏切りの傷〉を持ち、〈操作する人〉の仮面をつけているはずです。私はこれまで、料理の味を確かめもせず、塩やコショウを振りかけている人たちをたくさん見てきました。

あるレストランで見かけた一組の夫婦のことをお話ししましょう。ご主人は一方的に奥さんに話しかけていましたが、給仕が料理をテーブルに置くやいなや、塩の瓶をとり、皿にふりかけ始めました。私は思わず何度振り入れるかを数えたのですが、なんと一八回も（！）振りかけたのです。「この男性は自分のやっていることに気づいていないのだわ、お料理は塩辛くてもう食べられっこないはず」と思っていると、なんと信じられないことに、彼はその料理をぺろりとたいらげてしまったのです。味わうことなく、丸呑《の》みしたと言った方がいいでしょう。これこそコントロールが働いている、よい例です。

この種のコントロールは、食事中に別のことをやっているときにも働きます。読書、テレビ、商談、子どもへの説教、パートナーへの愚痴などに気を取られて、何を口に入れているか気にせず、がつがつ早喰いするので、必要以上に食べてしまいます。食べものを噛まずにほとんど丸呑みにする人さえいます。こうした食べ方だと、「もう充分に食べた」というメッセージが脳に伝わりません。

また、一方で、このタイプの人は食べものをよくかじります。まわりを思い通りにしたいあまり、期待通りにならないと怒り、かじることによって気をまぎらわそうとするのです。からだが肉を必要としているわけはないのに、歯ごたえのある肉を好んで食べたりします。

また、食べることに貪欲《どんよく》で、何でも口にしたがるため、一見、食べものを味わって楽しむ人のように見えます。「なんておいしいのでしょう」と、いかにも優雅に振る舞いながら、さっさと食べ終わるのは、実はよく味わっていないからです。

〈不正による傷〉と食べものの関係――〈頑固な人〉の仮面

この傷を持つ人は、食事に関しても、すごく〈頑固〉です。可能な限りコントロールし、理想的な体重やスタイルを維持するために、過酷な食事制限を自分に課すでしょう。

〈頑固な人〉の仮面をつけた人は、何をどれくらい食べるかを自己コントロールできます。欲望のままに食べることを自分に許さず、しょっちゅう自分に言い聞かせるのです。「砂糖やデザートは絶対に食べない。アルコール類は絶対に飲まない。健康食品しか食べない。間食は絶対にしない」と。コントロールできることを自慢に思うあまり、現実的ではないことを計画してしまうこともあるでしょう。常に、決して、途方もない、恐るべき、といった大げさな表現を使うのも、この傷を持っている人たちです。

私が親しくしている、ある女性の友人についてお話ししましょう。彼女は私の家に食事に来るたびに、自慢そうに言うのです。「デザートを食べるのをずっと前からやめているの。でも、今日だけは特別にいただくわ。だってあなたは本当にお料理が上手なんですもの。すごくおいしそうなデザートね」

こう言いながら、彼女がどれくらいの量を食べるかは、ご想像におまかせしましょう。彼女は、自分の言いわけがどんなふうに聞こえるのかにも気づいていないし、自分がどれくらいの量を食べているのかも自覚していないのです。

先ほどお話しした〈マゾヒスト〉は、罪悪感に悩みながら食べますが、〈頑固な人〉の場合、自分をコントロールすることに長《た》けているので、「今回だけだから、どうってことないわ」と自分自身に言いわけをして納得させ、罪悪感を麻痺《まひ》させてしまいます。そしてある日突然、からだを壊し、苦しむことになるのですが、これは、それまでないがしろにしてきた罪悪感を意識させるための、からだからのＳＯＳです。自分の問題になかなか気付くことができない〈頑固な人〉が、からだの痛みを感じることで、無意識のうちに自分を罰しているのです。

もし、〈頑固な人〉が、自分を律しきれなくなって、食べもののコントロールを失った場合には、自分だけの秘密にしようとするでしょう。万が一、誰かの前でコントロールを失ったとすれば、罪悪感は倍増し、もう二度とやらないと自分に強く言い聞かせるはずです。

〈頑固な人〉は、自分に厳しく禁欲的であろうとすればすれほど、出された料理を自分に合った味に直すことに気を使います。〈操作をする人〉が、とにかく塩、コショウをふりかけなければ気がすまないのとは逆に、〈頑固な人〉は、まず味見をして、自分の好みに合うかどうかを確かめてから、必要な調味料を加えます。

〈頑固な人〉は、フランスパンなどの歯ごたえのあるもの、特に硬いくだものや生野菜などを好みます。また、もしあなたがこのタイプの人でしたら、買い物をするとき、食品についている原材料のラベルを入念にチェックするはずです。

私はこれまで、〈頑固な人〉がコントロールを失った時の食べ方を何度も見てきました。彼らは、「低カロリーだから、たいしたことはない」と自分に言いわけしながら際限なく食べます。しかし、実際、からだは消化、栄養摂取、有害成分の排除、余分な脂肪の貯蔵など、過度の負担を強《し》いられているのです。精白されていない自然食品の砂糖でさえ、とりすぎは有害なのです。

また、〈頑固な人〉は、自分が食べすぎるのを許せないように、身近な人が食べすぎるのも許せません。食欲のままに好きなものを食べるためには、何か特別な理由が必要なのであって、そうでなければ、食事には何らかの制限があるものだと思い込んでいるのです。

心から食事を楽しんでいた人が、突然理由もなく料理のお皿を押し返して、「もう、いいわ。このくらいでやめておきます」と言う場面をよく見かけます。表情も、けわしいものに変わっているはずです。〈頑固な人〉の仮面をつけて、コントロールし始めた瞬間です。

さて、これまで五つの傷がどのように食べ方に影響を与えるかを見てきましたが、これらはすべて心理的なコントロールの反映です。肉体レベルでいくらコントロールしても、原因がその奥にある心に存在するために、何の解決にもなりません。それは、けがをしているのに何の手当てもせずに、ただ傷口だけ包帯でくるんで隠そうとするようなものです。逆に、傷を悪化させる危険性があるでしょう。

からだに起こる問題のすべては、からだが本当に必要としているものを無視した食事にあります。肝機能の低下、消化不良、胃炎、低血糖、肥満、腸のトラブルなどは、すべて、食事を改善することによって治るのです。

これらのからだの問題は、治すべき心の傷をあなたが抱えていることを知らせているのです。あなたの内なる神が、「今こそ、もっと自分自身を愛する時ですよ！」とあなたに教えているのです。これについては、私が書いた『自分を愛して！』の中で、四五〇項目もの病気について分析しましたので、そちらを参考にしていただければ幸いです。

好きな食べもので自分が分かる

この章を終えるにあたって、食べものの好みと食べ方についてまとめてみましょう。自分の食べものの好み、食べ方を意識することで、どのような傷を自分が持っているかが分かります。

第四章では、もっと単純に迅速に分析する方法を説明します。これから説明するのは、食べものと、水を除いたすべての飲みものに関することです。

一つの食べものに対して複数の説明がありますが、自分にあてはまるのが一つの時もあれば、複数である場合もあるでしょう。

塩分の多いものを好む人は、常に自分が正しいと主張し、口論で相手を言い負かさないと気がすみません。すべてを自分の思い通りにしようとし、誰かの言いなりになるのを嫌います。しかしながら、相手を打ち負かすほどの説得力がなく、無用なストレスを感じがちです。

あなたも塩分をとりすぎていませんか？　一日に必要なナトリウム摂取量は、最低で〇・五グラム、理想摂取量は一・五グラムです。アメリカ人は一日平均七グラム、つまり、理想摂取量の四倍以上も摂取していることになります。

塩分は特に、保存食品や出来合いの惣菜に多く含まれています。これはカナダ人の一〇人に九人が高血圧である原因だと言われています。しかし実際、原因は塩分そのものではなく、塩辛いものが欲しくなるような感情的傾向が問題なのです。

甘いものや砂糖を好む人は、ギスギスした生き方をしている可能性があるでしょう。自分に対して厳しすぎ、自分を価値ある人間だと思えません。何か特別な素晴らしいことをしなければ、自分を認めてもらえないと思い込んでいます。自分がどれほど恵まれているかに気づかず、ないものねだりばかりしているのです。

ところで、私たちのからだには、どれだけの糖分が必要なのでしょうか？　このテーマでさまざまな研究が行なわれてきましたが、私がよく耳にするのは、一日に果実三個分の糖分で足りるということです。それ以上は、とりすぎになるということでしょう。

香辛料を多く含む食べものを好む人は、恋愛や仕事などに消極的で、人生への情熱に欠け、まわりの美しいもの、特に自分の中にある愛を感じなくなっています。理性や分析が強すぎるためです。

こってりした食べものを好む人は、肉体的にも精神的にも、自己嫌悪をいだきがちです。罪悪感があるために、消化しにくい食べものを自分のからだの中に詰め込むことで、自分を罰しようとするのです。また、まわりの人のことを優先して、自分をないがしろにしがちです。

歯ごたえのある硬い食べものを好む人は、自分に対して厳しすぎ、人生は困難なものでなければならないと思い込んでいます。不必要に問題を作り出し、無意味に悩み、苦しみ、額に汗して努力しなければ救われないと思い込んでいます。自分が軟弱で怠け者であることが許せず、自分もまわりの人もすぐ批判し、寛大になれません。

歯ごたえがない食べものを好む人は、自分だけでは何ひとつできないと思い込み、人生を開拓していくたくましさに欠けています。誰かに幸せにしてもらおうという依存心が強く、もし自分が強く出たら、まわりの人は自分にかまってくれなくなると信じています。

カフェインをよくとる人は、エキサイティングな目的を持てず、朝、元気に起きる気力がありません。自分から何かをやるというよりも、まわりの人についていこうとするタイプです。

パンをたくさん食べる人が、生きる基本であるパンをいくら食べても、もの足りない気持ちになるのは、愛されているという自信が持てないからです。まわりの人から気にかけてもらい、認められ、ほめられることでしか、自分の存在意義を感じることができないのです。

ただし、これまでの説明はかなり極端な例ですから、あまり深刻に受け取りすぎないでください。軟らかい食べものであるパスタが好きだからといって、それですぐに、あなたが他人に依存していると言いたいわけではありません。先ほどの説明が当てはまる可能性があるのは、週に何度も食べるほどパスタが好きな人です。コーヒーにしても、一日にコーヒーを二〜三杯飲むのと、自分でも分からないほどたくさん飲むのとは違います。

いろいろな食べ方で自分が分かる

これからさまざまな食べ方をお話ししますが、一見同じような食べ方でも、いくつかの解釈ができます。あなたに当てはまるのは、一つだけかもしれませんし、複数あるかもしれません。

ゆっくり食べ、飲む人は、食べる楽しみをできるだけ長く引き伸ばそうとしているのです。これは、一人ぼっちになるのを恐れて、誰かがそばにいて、注意を向けてくれるのを望んでいるからです。

早食いする人は、まわりのことばかり気にして、自分の思い通りにしようとするため、口の中の食べものに注意が向きません。まわりの人たちから、のろまで、あてにならないと思われるのを恐れて、せっかちになりがちです。常に相手より優位でいようとします。

小食の人は、自分は母親の愛に値する人間ではないと思い込み、自分が本当に必要としているものを感じることができません。愛されたいという欲望より、愛されることを恐れる気持ちの方が強いと言えるでしょう。食欲がないというのは、食べもの以外のことで何か大きな問題を抱えているせいかもしれませんが、それを無意識のうちに何とか解決しようとしているのでしょう。こういう人は、なかなか自分を受け入れることができません。

食べすぎる人は、満腹感を感じることができず、気分が悪くなるまで食べてしまい、自己嫌悪に苦しみます。このタイプの人は、愛されないことを恐れて、自分を犠牲にしてまでまわりの人たちに尽くす傾向があるでしょう。また、食べすぎは、自分自身を受け入れることができず、心が満たされていない、ということの表われでもあります。

かじる人は、誰かに対して怒りをいだき、攻撃的になりがちです。一方的に期待し、それが思い通りにならないと、かじることで不満をまぎらわそうとするのです。何でも自分の思い通りにしたがるでしょう。自分が軟弱であることを恐れ、いつも強がっています。

味わうことなく丸呑みする人は、誰かに反発や恨みをいだき、その人を消し去りたいとさえ思うでしょう。その一方で、自分自身が傷つけられるのを恐れています。食べものを心から味わうことができないということは、人生の喜びを味わうことができないということなのです。喜びを感じることに罪悪感をいだいている、と言っていいでしょう。

第三章　からだが本当に必要としているもの

食べものを通じて自分を知るための第一歩として、自分のからだに耳をすましているかどうかを考えてみましょう。〈肉体〉の声をよく聞いているということは、〈感情〉や〈精神〉がどんな状態であるかも把握できているということです。逆に、からだの声が聞けていないということは、〈感情〉や〈精神〉の状態も分かっていないということになります。

私たちがこの地上で生きていくための〈入れ物〉を形づくっている、〈物質体〉、〈感情体〉、〈精神体〉の三つの体《ボディ》は互いに深い関係にあります。一つのボディに起こったことは、他の二つにも影響を与えます。

三つのボディのうち、肉体は最もその状態が表われやすいので、肉体の状態を理解することで、感情や精神がどんなふうになっているかを知ることができます。〈からだが必要としているものを聞く〉ことの意義は、ここにあると言えるでしょう。

私たちはみんな、幼い頃、からだが必要としているものを感じ取ることを学んでいます。それを思い出しましょう。私たちのからだが必要としているものは、次の通りです。

◆呼吸する
◆水を飲む
◆食べる
◆動く
◆休み、眠る

この章では、特に食べものの必要性についてお話ししましょう。他の項目は第六章でお話しします。

私の子ども時代、〈からだによい食事〉と言えば、〈あまりおいしくないものを食べること〉、〈おいしいものを我慢すること〉を意味していました。あなたは〈からだが必要としている食べもの〉と言われたら、どんなイメージを持ちますか？

このようにあなたに問いかけるのは、あなたに自分のからだをコントロールさせたいためではありません。逆に、〈物質体〉、〈感情体〉、〈精神体〉のどのレベルでも、いかなるコントロールもしないことをお勧めします。そんなことをしても、何の解決にもならないからです。

私があなたにお伝えしたいのは、あなたの肉体は一種の〈乗りもの〉であり、車や自転車などと同様に、大切にされず、適切な手入れをされなかったら、長く持たないし、しかも能力を全開にできないということです。

ここで、私たちの食べる目的を思い出してみましょう。

▼心身の成長のため
▼からだを維持するため
▼からだの免疫性を維持するため
▼種の存続のため

つまり、〈楽しむこと〉や〈食欲を満たすこと〉が食事の第一目的ではないのです。自然界のリズムの中で調和しながら、よりよく〈生きていく〉ために食べるのです。そのためには、何を、どれくらい食べるかに気をくばることが大切でしょう。

からだが喜ぶ栄養素

からだがよく機能するためには、水、タンパク質、脂質、炭水化物（糖質）、ビタミン、ミネラルという六種類の栄養素が必要です。空腹を感じた時、からだがどの栄養を必要としているかを感じるのは、あなた自身です。

からだに不必要なものを食べると、からだに負担をかけて疲労させ、エネルギーを生み出すという本来の目的と逆の結果になってしまいます。たとえば精製した砂糖、添加物、脂質などの過剰摂取、アルコール、タバコ、カフェイン、そしてすべての化学物質は、からだに有害です。

もっとも私は、「からだが必要としているものだけを食べている」という人にも会ったことがありません。ですから、私たちも、たまに不必要なものを口にしたからと言って、そんなに心配しなくても大丈夫です。

なぜなら、私たちのからだは強く柔軟にできていて、常に、調和した状態に戻ろうという知恵を備えているからです。こんな素晴らしい能力を持っている自分自身を愛することから始めましょう。そうすれば、からだの声が聞けるようになり、肉体、感情、精神のあらゆるレベルにおいて、調和した生き方ができるようになります。

私は、今のあなたがからだの声を聞いていないと、とがめているわけではありません。自分自身をより深く知るために、まず、からだに意識を向けることを提案しているのです。六種の栄養素に関しては、食材が自然であればあるほど、消化器官が吸収する時の負担が軽く、からだが喜ぶということを覚えておいてください。

水　空気の次にからだが必要としているのが水です。私たちのからだは約六五パーセントの水でできています。水は血液や細胞組織に必要で、栄養素を運び、不要物を取り除き、体温を一定に保ちます。

喉が乾いた時、からだが必要としているのは純粋な水です。純粋な水を飲むのと化学物質が含まれた水を飲むのとでは大きな違いがあります。自然水の入ったコップと、塩素などを含んだ水道水の入ったコップを、室温で一日置いてから飲み比べてみてください。純粋な水を飲むということがどういうことなのか、きっとお分かりいただけるでしょう。

私たちのからだは、一日に少なくとも二リットルの水を必要としています。尿や汗、呼吸などで失う水分を補うためです。お茶やコーヒーなど飲みものの形でもとれますが、その場合、消化器官を通して吸収されることになります。一方、真水はからだ全体で吸収されるので、からだへの負担の心配はありません。

新しい習慣をつけるのは、それほど難しいことではありません。タバコを吸い始めた人は、タバコ一箱を持ち歩く習慣をつけるのに苦労しないでしょう。それと同じように、あなたもペットボトルを持ち歩くことにすればいいのです。最初の数週間は、忘れないように、ペットボトルを見えるところに置くことをお勧めします。この習慣はあなたに画期的な効果をもたらしてくれるでしょう。

からだが水を欲しているとき、水以外の飲みものは、本当の意味で乾きを癒してくれるものではありません。それどころか、乾きを増大させることさえあります。コーラの三五〇ミリリットル缶の中には角砂糖一〇個分の砂糖が入っていることを知っていましたか？　コーヒーをカップで一杯飲むと、私たちのからだはその倍の量の水（コップ一杯分）を失うことになります。ということはコーヒーを四杯飲むと、もともと必要な二リットルの水に加えて、さらにコップ四杯分の水が必要になるということです。ビールについても同様のことが言えます。

他の要素に関しては手短にお話ししましょう。この本の目的は栄養学を極《きわ》めることではなく、あなたの食べ方を深く知ることなのですから。

タンパク質　細胞を作り、維持し、補修します。からだを成長させ、髪や爪を伸ばします。

野菜、木の実、種、穀物などに含まれる植物性タンパク質は、動物性タンパク質よりからだに吸収されやすく、負担をかけません。

また、自然の中で育った動物のタンパク質は、〈動物の強制収容所〉と呼ばれる畜舎で飼育された家畜のタンパク質と、その質において格段の差があります。

脂質　いちばんの役割はエネルギー源をからだに供給すること、また、エネルギーを脂肪としてからだに蓄えておくことです。皮膚の健康維持にも重要です。
脂肪には植物性の不飽和脂肪と動物性の飽和脂肪がありますが、私たちのからだが必要とし、しかも自分では作り出せないのは植物性の脂肪です。

炭水化物　主要なエネルギー源となります。脳に栄養を与えることができるのは炭水化物だけです。砂糖やでんぷんという形で摂取できますが、無精製のものをお勧めします。
からだが最も必要としているのは、果糖などの自然の糖分です。精製された砂糖は、炭水化物をエネルギーに変えるのに必要なビタミンBが取り除かれてしまっているため、エネルギーになるどころか、それを排出するために、逆にからだにエネルギーを使わせてしまいます。また、排出されなかった炭水化物は、からだに蓄積されてしまうことを覚えておきましょう。
からだに吸収されやすく、血糖値を上げない飲みものの代表として、アガベのシロップがあげられます。このサボテンの樹液のエキスは、アメリカのインディアンたちから〈最上の命の飲みもの〉と呼ばれています。

六つの基本栄養素については、他の本やインターネットで簡単に情報を得ることができます。調べてみると、食べるということが、どれほどからだにとって大切な仕事なのか、お分かりいただけるでしょう。

不適切な食べ方は、消化、吸収、排出のプロセスでからだに負担をかけます。同じことが、生き方そのものにも言えるのではないでしょうか。つまり、求めるものが多すぎると、ありのままの自分でいることができず、悩みを抱えてしまうというわけです。

ところで、ぜひ知っていただきたいのは咀嚼《そしゃく》の大切さです。咀嚼すればするほど、唾液腺が刺激されて唾液を出します。唾液の役割を挙げてみましょう。

◆口の中を掃除する。
◆食べものを化学分解し、味わい、楽しめようにする。
◆食べものに水分を含ませ、丸い形にまとめる。
◆酵素を含み、脂肪の消化を促し、胃の働きを助ける。

◆口の中のpH（ペーハー）の調整をして、酸による虫歯を防ぐ。

食べものをよく噛まずに丸呑みするということは、「消化吸収に不可欠な準備をしない」ということです。つまり、自然が人間にもたらしてくれる素晴らしい栄養を無駄にしてしまうのです。もったいないと思いませんか？　せっかく、自然の良質の食べものを選ぶのであれば、その恵みを最大限に享受するようにしましょう。

充分な咀嚼は食べものの栄養を引き出します。特に自然食品の場合は、咀嚼によって大きな効果が引き出せるでしょう。

こうして引き出された栄養は、肉体だけでなく、感情面、精神面をも豊かにしてくれます。また、左右の歯でバランスよく咀嚼することによって、男性性、女性性の両面から、食べものを味わうことができるでしょう。

こんなふうにして、自分が肉体、感情、精神から成り立っていることを意識し、男性性、女性性の両面が豊かになってくると、食べるものの選択にも自《おの》ずと注意するようになります。からだの声が聞けるようになったしるしです。そうなれば、食べものがずっと味わい深くなるということを保証しましょう。

ゆっくりと味わって食べる

よく噛むことによって、ゆっくり食べものを楽しむことができます。時間をかけて食べることの大切さは言うまでもないでしょう。しかし、一口食べるごとに一休みするということではありません。

私の場合、「味わって食べる」ことが「充分に時間をかけて食べる」という意味になります。私のように何でも早くこなしてしまう人間は、ゆっくりした人と同じ速さで食べることはできないからです。

一般によく言われるのは、「一口食べることに、ナイフとフォークを置く」方法ですが、要は自分に合った方法を見つければよいのです。

私は、食べものを口の左右両側の歯でしっかり噛んで味わったあとは、からだが満足するのを感じます。なぜ、「味わう」ことが大事なのでしょう？ それは、「充分に食べたこと」を感じるためです。しかし、多くの人たちは、なかなか満腹になった瞬間を感じることができません。

たとえば、風邪をひいて鼻づまりになった時のことを思い出してください。食べているものを味わうことができないので、満腹感を感じることができず、食後三〇分もたたないのに空腹感を感じることがあるでしょう。

ただし、「ゆっくり食べる」ということは、時間をかけさえすればいいということではありません。食べているあいだに、しゃべり続ける、電話をかける、他の用で立ち上がる、雑誌や本を読む、といった〈～しながら〉の食べ方では、食事をしっかり味わっていることになりません。あなたにも心あたりがありませんか？　そんなことをしていたら、どんなに食事の時間が長くても、丸呑みするように食べているはずです。食べても何も味わっていないということは、人生の喜びを知らないということになるでしょう。

からだの声を聞く方法

あなたは食べるものにとても気を使っているかもしれませんが、からだが本当に必要としているものを食べているでしょうか？

それは簡単なことです。飲んだり、食べたりする前に、ほんの数秒、自分自身に問いかければいいのです。「私は今、本当にこの食べものを必要としているのだろうか？」と。最初のうちは、それを見きわめるのは、難しいかもしれません。なぜなら、私たちはみんな思い込みを持っているので、「そうそう、私には、今このケーキが必要なの！」などと言ってしまうからです。

ここで〈必要〉と〈欲望〉の違いについて考えてみましょう。私たちは、からだが必要としているものを食べるより、不必要なものを欲望から食べることのほうが多いようです。

たとえば今、自分の家にいるとしましょう。戸棚にはおいしいチョコレートがあります。そのチョコレートのことで頭がいっぱいになり、口の中では唾液が出てきて、からだが必要としているような気がします。本当に必要なのか確かめるためには、こう自分に尋ねてみましょう。「もし戸棚に何も入っていなかったら、チョコレートのことを考えただろうか？」と。「考えた」と即答でき、何としてでも手に入れたいと思うなら、今あなたのからだは本当にチョコレートを必要としていると言えるでしょう。

また、食べたいと思うものが、からだが必要としているものなのかどうかを確認するには、食欲を感じ始めてから三〇分くらい待ってみましょう。三〇分後、まだ食べたいと思ったら、それはからだが本当に必要としているということです。

また、この〈食欲〉は、肉体的なものでしょうか、心理的なものでしょうか？　それを見定めるためには、まず自分が空腹な状態であるかどうかを自分で確認しましょう。**食欲と、空腹とは、異なることだからです。**

たとえば、一時間前に食事をしたばかりで空腹なはずはないのに、チョコレートを食べたくなったとしましょう。この食欲は心理的なもので、刹那《せつな》的に自分を慰《なぐさ》めたかったり、ほっとしたかったり、などの心の動きから起こったものです。からだが必要としているわけではありません。

まずは、あなた自身がこうした事実を意識していることが大事です。何かを口にするとき、からだが本当に必要としているものではないと分かっていると、簡単にやめられるからです。やがて、この欲求を別な方法で満たすことができるようになるでしょう。

空腹を感じ始めると、あなたのからだは、独特の音や感覚で、あなたの注意を引こうとするでしょう。この信号は人によってそれぞれ異なりますが、気をつけていると、自分のからだがどんな信号を出してくるか分かるようになります。私たちのからだは素晴らしく有能なので、いつ空腹であり、何を必要としているか、ということを知っています。ですから、安心して自分のからだにまかせましょう。

もし、おなかがすいたと思うだけであれば、それは本当は空腹ではないのです。それは、「腰が痛いの？」という質問に「痛いと思う」という答えが返ってきたら、「この人は本当に腰が痛いわけではないのだ」と推測できるのと同じです。

あなたは、次のようなことを自分のからだに指示しますか？

「いつトイレに行くべきか知らせるのよ」「体温調節のために汗をかきなさい」「こうやって病気を癒すのよ」「早く傷口を治しなさい」

このようなことは、からだが自然にやってくれます。私たちのからだは素晴らしい知恵を持つ、きわめて精巧な機械なのです。からだは、空腹であるかどうか、きちんと判断できます。あなたが教える必要はないのです。

本当に空腹で、しかもからだが必要としているものを食べたいとき、次の問いかけを自分にしてみましょう。

▼舌は何を欲しているだろうか？
▼温かいものだろうか？　冷たいものだろうか？
▼硬いものだろうか？　柔らかいものだろうか？
▼甘いものだろうか？　甘くないものだろうか？

たとえば、問いかけに対し、あなたはからだから、「何か温かくて、柔らかな、甘くないもの」というメッセージを受け取ったとしましょう。その場合、からだの要求を満たすために、ポタージュスープ、スパゲティ、ご飯、ゆでた野菜などから好きなものを選べばよいのです。

でも、気をつけてください。空腹だからといって、何でも食べればいいというわけではないのですから。たとえば、子どもがおなかをすかせたとき、出したものは何でも食べるように命令する親がいます。しかし、空腹だということは、からだがある特定の栄養を必要としている、ということなのです。それゆえに、もし、必要としている栄養を与えなかったとしたら、からだはいつまでもその栄養素を含む食べものを求め続けることになるでしょう。

ただし、からだがその時々に必要としているものを把握することが、最初からうまくできなかったとしても、どうぞ心配しないでください。訓練によって、自分のからだが何を必要としているかを理解できるようになります。

新しいことを習うには、練習する時間が必要です。自転車や車の運転、ダンス、テニス、料理など、練習なしですぐにできる人がいるでしょうか？　ですから、自分に対して、寛大で、忍耐強くなりましょう。そうすれば、ストレスを感じずにすみます。この態度は、他のいろんなことに取り組むときも、楽しくやれるコツなのです。

何を食べたらいいか分からないときは

空腹なのに何を食べたらいいか分からない時がありませんか？　そんなとき、自分の生き方も同じだと気づくのです。「幸せになるためには、何かもっと必要なものがある」と感じていながら、自分でもその何かが分からないのです。こういった悩みは、明確な目標や、熱烈な夢を持っていない人によく見られます。

もし、このような状況にあなたがいたら、自分に対して次のように問いかけてみましょう。

「もし、お金、時間、体力、知識など、すべてに恵まれていて、誰も自分に反対する人がいなかったら、私は今、何をやりたいだろうか？」

やりたいことが分かるまで静かに待ちましょう。明確なイメージがすぐに湧いてこなくても、自分が楽しいと思えるもの、夢中になれるものを意識できるようになってきます。あとは自分で行動に移すだけです。

もう一つの方法は、子どもの頃や思春期に憧《あこが》れていたことを思い出してみることです。かつて「将来こうしたい」と思っていたことは何ですか？　それはきっと、今のあなたが必要としていることに違いありません。

このように、人生で自分にとって何が必要なのかが分かっていると、からだが必要としている食べものも、自然に選べるようになるでしょう。

第四章　食事で自分を知るエクササイズ

これまでのお話で分かっていただけたと思いますが、自分をどれだけ愛しているかは、自分の食べ方を観察することによって知ることができます。あなたは、肉体が欲するものだけを、肉体が欲するときだけに食べていますか？　もしそうだとしたら、あなたは本当に自分を愛していると言えるでしょう。

〈肉体〉の主張をきちんと聞いて食べられるようになれば、あなたは、あなたの〈本質〉が必要としていることも分かるようになるでしょう。

つまり、あなたは、〈物質体〉が必要としているもののみならず、〈感情体〉、〈精神体〉が必要としているものも感じとれるようになるわけです。

三つの体《ボディ》のうち、〈感情体〉、〈精神体〉は目に見ることができないため、とらえにくいのですが、その状態を〈物質体〉が映し出しています。〈物質体〉である〈肉体〉は、私たちにとって、自分の心を知るための素晴らしい道具なのです。

たとえば、自分を完全にコントロールして、すべてを自分の思い通りに進めていると考えている人がいるとします。しかし、彼が自分の食べ方を観察することができれば、がつがつ食べる自分を見て、自分が心の内に怒りを抱え込んでいることに気づくでしょう。

また、通常の意識状態では罪悪感を感じなくても、食べたときに何となく罪悪感をいだく人もいます。何かを食べて罪悪感を持った時こそ、その奥に隠れている本当の問題を意識するチャンスです。食べものを口にする前の数時間の自分に、何が起こったかを思い出してみてください。あなたは別の何かが原因で、罪悪感をいだいたことがあったのではありませんか?

このようにすれば、原因は別のところにあることに気づき、食べもののレベルを超えた精神的な問題に取り組むことができます。

もしあなたが、こうした考え方を疑い、三つのボディが影響しあっていると思えなかったら、この本が提案する方法は、よい結果をもたらさないかもしれません。いずれにしろ、三カ月後には、自分に合っているかどうか結果が出ます。もし、迷っているのであれば、とにかくやってみてはいかがでしょう?　素晴らしい結果を手に入れることができるかもしれませんよ。もしこの方法が合わなかったとしても、それを確かめるために三カ月しかかからなかった、というだけのことですから。

食事の日記をつける

これからの三カ月間、一日の終わりに五分から一五分の時間をとって、その日に食べたものを記録しましょう。巻末にフォーマットがありますので、それを参照してください。本書の終わりにも、再び詳しい説明を載せてありますので、ここでは大まかな流れを把握してください。

では、このフォーマットを使って、その日のことを思い返す練習をしましょう。書いている時点からスタートして、朝起きたときまで時間をさかのぼります。それぞれの食べものの材料やカロリーなどを書く必要はありません。からだが必要としているものを食べたか、どんな動機で食べたかを書き込んでいくのです。

ここで、フルタイムで働くリタという女性の例を見てみましょう。彼女は、夫、そして二人の小さな子どもと一緒に暮らしています。ある日のリタの食事は、別表の通りです。

まず、表のように最初の二列（「時刻」と「食べたもの・飲んだもの」）を書き終えたら、続く右隣の「空腹だった」か「空腹でなかった」かの欄に印をつけ、空腹でなかった場合には、その右に続く、食べた動機は何だったかの欄に印をつけます。

このエクササイズでは、いくつかの状況が考えられるでしょう。

▼空腹で、本当に食べたいものを食べた。

▼空腹で、何を必要としているかを確かめずに何でもいいから食べた。

▼空腹で食べすぎた。

▼本当に空腹だったわけではなく、別の理由で食べた。

まず、「空腹だった」か「空腹でなかった」かのどちらかに印をつけたら、「必要に応じて食べた」の欄についても同様に印をつけてください。**自分が必要としているものを知るためには、食べる前に、次のように自分に問いかける必要があります。「温かいものが食べたいか、冷たいものがいいか。硬いものか、柔らかいものか。甘いものか、甘くないものか」というふうに。**たとえば、空腹を感じ始め、おいしいポタージュスープを思い浮かべると唾液が出てきたとしたら、この場合は本当にからだが必要としているのです。

時刻	食べたもの・飲んだもの
21：00	クッキー２枚 牛乳１杯
18：30	スープ１杯 パン１枚 ローストチキン ポテト３個 ２枚目のパン アイスクリーム２個 紅茶
17：30	ビール２杯 ピーナッツひとつまみ
15：00	コーヒー２杯
12：30	ハンバーガー フライドポテト（Lサイズ） 炭酸飲料 アップルパイ コーヒー
11：00	コーヒー クッキー２枚
10：00	コーヒー
07：30	ジャムトースト２枚 コーヒー２杯

もし、いつ食べようかな、などとまだはっきりしない場合も、先ほどの質問を自分にしてみましょう。すぐに答えられなかったら空腹ではないのです。これは「私は○○さんと結婚したいのかしら？」と自問して、すぐ返事が見つからないのと同じです。こんなふうにためらっているのであれば、まだ結婚する気持ちの準備ができていないということでしょう。

あと、一日に水を何杯飲んだかも書きましょう。一日にからだが必要としている水は二リットルでしたね。これは二五〇ミリリットルのコップ八杯分にあたります。

空腹でないのに食べてしまう理由

食べるという行為には、〈空腹〉以外に、〈信条〉、〈習慣〉、〈感情〉、〈欲望〉、〈褒美《ほうび》〉、〈怠惰《たいだ》〉の六つの動機が挙げられます。

〈信条〉が動機の場合

正しい、間違っている、という判断で食べる場合、また、恐れから食べる場合は、〈信条〉に基づいて食べているのです。次のような状況が考えられるでしょう。

◆食べものを無駄にすることを恐れる。そのため、腐ったり賞味期限が切れたりする前に食べる。食べ残しを捨てるのがしのびないので全部きれいに食べる。他の人が残したものまで食べる。出されたものを全部食べる。パンや前菜、デザートなど、すべてを食べる。レストランやスーパーでは、欲しいものでなくても、いちばん安い食品を選ぶ。値段が高いものは我慢する。

◆人の気分を害するのを恐れる。本当は欲しくないのに、食べものを出してくれた人に断ることができない。

◆一口食べた後でそれが嫌いだと分かっても、言えない。

◆人の目を気にする。他人からの中傷を恐れて、まわりの人たちと同じようにする。

◆食べておかないと空腹になるのでは、と心配し、楽しみを感じることもなく、義務的に、からだを養うためだけに食べる。

〈習慣〉が動機の場合

◆いつも同じものを食べる。たとえば、朝食にピーナツバターのトースト二枚とか、コーヒーにひたしたクロワッサン二個など。

◆いつも同じ時刻に食べる。

◆子どもの頃しつけられたように、朝食を絶対抜かさず、一日に三回食べる。

◆一度も口にしたことがないからという理由で、未知の食べものを食べてみようとしない。

〈感情〉が動機の場合

◆空腹でないと分かっていながら、心の中にある何かに突き動かされて食べてしまう。

◆食べたいものを選ぶことができず、「何を食べたらいいのだろう？」と自問する。

◆怒り、ストレス、悲しみ、孤独、不満などを、食べることによってまぎらわせようとする。

〈欲望〉が動機の場合

◆匂《にお》いに誘われて、食べたり飲んだりする。

◆おいしすぎて、やめることができない。

◆数分前には考えてもいなかったのに、おいしそうなものを見た瞬間、食べずにいられなくなる。

◆料理を目の前に出されると食べたくなる。

◆隣の人と同じものを食べたくなる。

◆見た目や匂いに魅《ひ》かれる。映画館のポップコーンなど。

◆料理の説明を聞いていると食べたくなる。

〈褒美〉が動機の場合

◆大きな仕事をやり終えた後は、からだに必要ないと分かっていても、食べたり飲んだりする。

◆根《こん》をつめて働きすぎた後で、リラックスするために食べる。

◆誰も自分を認めてくれないのが不満で、何でも食べてしまう。

〈怠惰〉が動機の場合

◆自分では何もせず、まわりの人が料理してくれるものを食べる。

◆一人でいる時、何も準備のいらない料理にする。

◆自分で料理するくらいであれば、食べない方を選ぶ。
◆仕事帰りに、出来合いの惣菜や冷凍食品を買う。

これまでの説明では〈食べる〉という言葉を使いましたが、飲みものに関しても同様です。もし、「何を飲んだらいいかしら?」と思ったとしたら、あなたのからだが必要としているのは〈水〉だということを思い出してください。もし水以外のものを飲んだら、フォーマットにある六つの動機の欄のどれかに印をつけましょう。

また、一つの食べものに対して、いくつかの動機が考えられる場合は、複数の印をつけても結構です。たとえば、キャンディを食べた場合、食べたものの欄に〈キャンディ〉と書き入れ、〈感情〉と〈褒美〉の欄に印をつけます。

日々の出来事と食事の関係

空腹以外で食べてしまった場合は、その数時間前に起こった出来事を〈関係〉の欄に書いてください。

ここで、先ほどのリタの記録に戻ってみましょう。彼女がコーヒーを飲むタイミングと、ストレスを感じる時が一致しているのに気づくことができるでしょう。この日は出勤するのさえ気が進まなかったようです。お昼には、母親の急用のため昼食に充分な時間がとれず、ハンバーガーショップですませました。

仕事帰りに職場の友人とビールを飲みますが、これは、リラックスして自分に〈褒美〉をあげたかったのと、家族関係にストレスに感じており、家に帰るのがちょっとためらわれたからです。

夜にクッキーを食べたのは自分を元気づけるためで、彼女になつかしい子どもの頃を思い出させます。寝る前によく母親が牛乳とクッキーを食べさせてくれたのでした。

朝のトーストは数年前からの習慣です。この日の食事のうち、夕食だけは本当の空腹から口にしたものでした。しかしデザートのアイスクリームは、習慣からか、おいしいものを味わいたいという欲望からか、あるいは自分への褒美だった可能性があります。

記録をつけるのは一日の終わりが理想的です。食後すぐにつけるのもいいでしょう。ですが、何日分かをまとめてつけるというのは、記憶が不確かになるために、お勧めできません。

週末には全体の見直しをしましょう。その週の記録を全部並べてみると、どんなことに気づくでしょうか？　どれくらい〈空腹〉から食べたか、数えてみましょう。そうすれば、あなたがどれくらい自分のからだの声を聞いているかが分かってきます。

六つの動機と〈思い込み〉

ではこれから、それぞれの動機について、詳しく見ていきましょう。

〈信条〉や〈習慣〉で食べる　あなたは〈思い込み〉に縛《しば》られ、支配されていませんか？　子どもも時代に学校や家庭で受けた教育によって、〈思い込み〉は形づくられます。つまり、過去が私たちの生活を支配しているのです。

そういう場合、〈恐れ〉によって、直観や本当の欲求はさまたげられ、その結果、人生の喜びを味わう機会を逃《のが》してしまうでしょう。また、他の人が提案する新しい考え方を、かたくなに受け入れようとしないのも、このタイプだと言えます。

自分が空腹かどうか確かめる時間もとらず、〈信条〉や〈習慣〉から食べる人は、良いか悪いか、正しいか正しくないか、という見方にだけ基づいて食べているわけです。つまり、胃がエゴにコントロールされていると言えるでしょう。

このタイプは、「何かすごいことをやり終えない限り、楽《らく》をしてはいけない」と思い込んでいるため、人生を楽しむことができません。また、自分のことを後回しにして、まわりの人たちが満足しているかどうかを気にしすぎます。買い物をするときも、本当に欲しいものではなく、値段で選んでしまうのも特徴です。

〈感情〉から食べる　あなたは、感情の起伏が激しいのに、それを認めようとしません。〈感じる〉ことを拒絶しているからです。怒り、フラストレーション、絶望、悲しみ、孤独など、自分がいだいている感情を直視せず、たいしたことがないと思い込もうとしています。ネガティブな感情が湧き起こるということは、何かに対して期待を持っているからです。相手が自分に対して好意や愛情を表現してくれるのを期待しているのです。

しかし、人間には他人を幸せにする義務はありません。相手がこちらの望むような好意の表現をしてくれないと欲求が満たされず、自分は愛されていないと思い込んで、その不満を食べもので満たそうとします。このように、〈好意を表わしてもらう〉ことと〈愛される〉ことを取り違えるとき、感情が乱れるのです。

〈欲望〉から食べる　あなたは、見たり、聞いたり、感じたりすることから影響を受けやすい人です。自分はまわりの人を幸せにする責任がある、という思い込みを持っています。困っている人のために何かしなければならないと思い、まわりの人の幸福や不幸の責任が自分にあると思い込んでいるため、何かがうまくいかないと罪悪感をいだき、それが食べ方となって現われます。

また、自分にとって大切な人が何かを決めるとき、その人が自分の思った通りに決めなければ気がすみません。あなたの幸福はまわりに左右され、当然のことながら、思い通りにならないことがいろいろ出てきます。あなたはそのギャップを、食べることでまぎらわそうとするのです。

〈褒美〉として食べる　あなたは、自分に対して、限界を超えるほど多くを求めています。完璧主義者で、自分に褒美をあげる前には何か特別なことをしなければならない、と思い込んでいるでしょう。常に、まわりの人からの評価や賞賛を求めているはずです。

しかし、その期待がいつもかなうとは限りません。この世で、人間は、他人を幸せにしなければならない義務を負っているわけではないからです。たいていの場合、期待通りには認めてもらえず、失望します。自分に対してよくやったとほめるよりも、やるべきことに注意が行く傾向にあります。

〈怠惰〉から食べる　あなたは、他人への依存度が最も高い人です。こういう人は、好きな人といる時に、一人でいる時とは別人のように態度が変わるはずです。その人の決めることにすべて従《したが》い、自分には価値がないと思い込んでいるので、自分のからだの声を聞こうともしません。おいしい煮込み料理などを作ってもらうと、母親を思い出し、恋しくなります。

しばらく記録を取り続けていくうちに、いかに自分が自分のからだの声を聞いていなかったかを実感するはずです。でも、ここで絶対、自分を責めたりしないでください。このエクササイズの目的は〈自分を知る〉ことであって、自分を責めて余計なストレスを感じることではないのですから。第六章、第七章で、現実を受け入れて自分を向上させる方法をお話しします。

〈衝動〉的に食べたとき　記録すべき欄は特に設定してありません。〈衝動〉的に食べるとは、食べ始めたら、際限なく食べてしまうことです。空腹や感情のぶれなどの動機で食べ始め、いつやめたらいいのか分からなくなってしまうのです。容器いっぱいのアイスクリーム、スナック菓子一袋、チョコレート一箱などを、全部食べてしまいます。この状態は、デザートの時によく見られます。満腹なのに、デザートをたいらげてしまうのです。

こうした食べ方は、自分への愛が足りないことを教えています。もしあなたにも心当たりがあるのなら、衝動的に食べる前の数時間の自分の様子を思い出してください。自分を愛することができないでいたはずです。そのやりきれなさを食べもので満たそうとするのですが、おなかが満たされても、心は満たされません。自分のいいところを認め、ほめてあげさえすれば、心は満たされるはずなのですが。

このような衝動に走るのは、自分にきびしく、自分に多くを求めすぎる人です。自分への愛のレベルが低く、誰も自分など愛してくれないと思い込んでいます。こんな場合には、〈関係〉の欄に「衝動」と書いておきましょう。

ありのままに知り、ありのままに受け入れる

その日一日の出来事と食べ方の関係を見直すことはとても重要で、それによって考えを深めることができます。だからといって、すぐにすべてを解決しなければならない、ということではありません。意識することによって、自分でも気づかないうちに直っていることもあるのです。

一日の飲食のほとんどが空腹以外の動機からなされている事実を知って、あなたが、からだの声を聞かず、自分を充分に愛していないことが分かってきたでしょう。

自分自身とまわりの人たちをコントロールしようとして、それができない時、食べものに関してもコントロールが不能となり、空腹でないのに食べてしまうのです。このことは、この本の第一章に戻って、〈傷〉と関係づけることができるでしょう。

あなたの〈傷〉が呼び覚まされると、あなたは無意識のうちに反応してしまいます。そして、すべてをコントロールしようとするあまり、あなたは自分自身でいられなくなるのです。

もう一度リタの例に話を戻しましょう。日中コーヒーを何杯も飲んだことと、仕事をする気になれなかったことの二つの事実から、今の仕事がリタにとって、新しく学ぶことが何もなく、つまらないものになっていることが明らかになりました。そこで夜、記録を書きながら、すでにリタは、どうしたらいいかと解決法を考え始めました。転職すべきか？　もっとやりがいが持てる仕事をまかせてほしいと上司に相談すべきか？　それとも、趣味やスポーツなど、仕事以外に楽しみを探すべきか？

また、〈不正による傷〉があるために、誤った判断を自分がすることを恐れて、この仕事に対する不満を感じないようにしていた、という事実にも気づきます。他方では、〈見捨てによる傷〉があるために、高収入の今の仕事をやめたら、夫ががっかりして、自分を見捨てるのではないか、という〈恐れ〉をいだいていたことにも気づきます。

リタの例から、時間をかけてすべて書き出すことで、事実をありのままに認識できるようになる、ということがお分かりいただけたでしょうか？

自分が本当に必要としていることを意識化することによって、自分の抱えている問題に気づき、その解決法を発見することができるのです。

このエクササイズが効果的に行なわれるように、記録は毎日、一日の終わりに書き、一週間ごとに見直すというリズムを大切にしてください。

一日一日書き進むにつれ、自分自身のさまざまな面を発見し、より深く理解できるようになると思います。

一週間の見直しをする際に、どんな時に必要でないものを食べる傾向があるかを、しっかり把握しましょう。今の自分が抱えている問題が見えてきたら、どの傷が呼び起こされてコントロールが働いているのかを分析してください。

コントロールには、「人が自分に対して」、「自分が人に対して」、「自分が自分に対して」行なう三通りがあります。そのいずれかが働くと、人生を創造する素晴らしい能力が自分の中にあることに気づけなくなります。つまり、人生を無駄にしていることになるのです。

食べ方とコントロールの関係を理解すると、空腹以外の理由で食べる時、どんな〈傷〉がそこに隠れているのかが分かってきます。

もし、一週間の中で空腹から食べた回数が多くなったら、からだの声が聞けるようになった証拠です。あなたの傷が呼び起こされる回数も少なくなり、より自分を受け入れ、そして愛するようになったのです。

最初の二～三週間は大変かもしれませんが、この本を読んでいるあなたなら、きっと大丈夫。

毎日の記録をとる勤勉さを持ち合わせているあなたは、この新しい体験から、人生の主人公であることの喜びを経験するでしょう。健康をとり戻し、理想的な体重(自然な体重)になるはずです。

一週間記録をつけ続けたら、自分へのご褒美に、おいしいものを食べたり、欲しいものを買ったり、どこかに遊びに出かけたりしてもいいでしょう。罪悪感なしに心から楽しむことは、ぜんぜん間違っていないのです。

また、記録を取るのを忘れないために、壁に貼っておくのも一案です。二〜三週間後には習慣になるでしょう。自分のいろいろな側面に気づくことができ、記録を取るのが楽しくてしかたなくなるはずです。

この習慣は少なくとも三カ月は続けましょう。そうすることであなたの心の奥にあるものを、しっかりと把握できるようになります。そのあと数カ月は休んでもいいのですが、しばらくしたら、また再開しましょう。三カ月記録をとり、三カ月休むというふうに。そうしているうちに、記録をとらなくても、本当に空腹か、からだが何を必要としているか、という問いかけが自然にできるようになるでしょう。

最後に、喫煙家の人たちに対して、タバコの記録も一緒に取ることをお勧めします。どんなときにタバコを吸いたくなったかを書いてみましょう。食べものの場合と同様、きっと自分への理解を深めることができるはずです。

毎日、ありのままの自分を書き出すことによって、自分をありのままに受け入れられるようになるでしょう。その秘訣は、記録をつける目的が、**「自分を裁くためではなく、自分をよりよく知るためである」**ということを、いつも心にとめておくことなのです。

第五章　あなたの体重が教えてくれること

食事のとり方だけをいくら論じても、肥満の問題は決して解決できません。心のあり方が大きく関わっているからです。この章では、心のあり方と食べ方の関係についてお話しし、それがどんなふうに体重に影響を与えるかについて考えてみましょう。

あなたの知人の中に、好きな時に好きなだけ食べているのに、何年も同じ体重の人がいませんか？　その反対に、ほんのちょっと食べすぎただけで太ってしまう人もいるはずです。「遺伝だから」と言う人には、次のように言いましょう。「本当に遺伝子が、この人たちの人生計画と関係あるのかしら？」

私は、心と体重の関係に注目し、二七年前にＥＴＣセンターを開設しました。それ以来、何千人もの実例に出会い、常に新しいデータを取り入れて自分の考えを確認してきました。そして近年、医師、栄養士、心理学者たちのあいだでも、心と体重の関係を重要視する動きが出てきたことを、とても嬉《うれ》しく思います。

体重の問題には、食事のあり方だけではなく、その人の内面的なあり方が大きく影響します。私たちが自分を見失っている時は、〈からだ〉の声が聞こえず、必要以上に食べてしまい、それを体内に〈ストック〉するからです。

それでは、どのような態度が、どう体重に影響するのでしょうか？　まず、それぞれの人に、生物学的に〈自然な〉体重というものがあることを頭に入れておきましょう。肥満かどうかを判断する目的で理想体重の計算表を作り出したのは、生命保険会社でした。この表は今日《こんにち》、体重を気にするすべての人たちの参考になっています。そして、この表によって、多くの人たちが肥満傾向にあるということになってしまったのです。興味のある方はインターネットなどで計算方法を調べてみましょう。生命保険会社の基準から見て、自分が肥満かどうかが確かめられます。

幼い頃から心の持ち方の大切さを学ぶことができたら、肥満で悩む大人は激減するのではないでしょうか。それぞれが健康な心を保っていたなら、人並み以上にスマートとはいかないまでも、自分にとっての自然な体重でいられるはずです。この考えを、私の子どもや孫たちが、その成長の過程で証明してくれました。私が〈心とからだの関係〉に注目した二八年前、三人の子どもたちは一三歳、一五歳、一九歳でした。それから今日にいたるまで、彼らは、年齢による体形の変化はありましたが、常に自然な体重を保ってきました。また〈新世代〉の孫たちは、当然のことながら、自分のからだの声をよく聞き、空腹でない時、欲しくない時は、絶対に食べません。

私たちの内面は、生まれながらに持っている〈傷〉から大きな影響を受けます。第一章でお話ししたように、私たちは複数の傷を持っているのですが、そのうちのあるものは他の傷よりも、食べ方に、より大きな影響を与えます。どの傷がより影響力があるかは、子どもの頃、母親から受けた食事の世話に関係するでしょう。

一般的に子どもの食事の世話をするのは母親です。母親が子どもに与える影響は、はかりしれないものがあります。彼女たちは無意識のうちに、自分が抱えている傷に影響されながら、子どもの食事の世話をします。そのため、母親によって、そのやり方は異なるでしょう。また、一人の母親が何人かの子どもを持った場合、きょうだい間でも接し方が異なるはずです。本人は「どの子にも平等に接しています」と言うかもしれませんが、そうではありません。子どもが持つ傷はそれぞれ異なっており、それに応じる母親側の傷も異なるので、自ずと接し方も変わるのです。〈侮辱による傷〉を持つ子どもは、〈侮辱による傷〉を持つ母親のもとに生まれ、お互いの関係の中で傷を癒していきます。このように、内なる必要性から、お互いに引き合い、出会うのは、この世の普遍の法則です。誰もこの法則から逃れることはできませんし、どの種類の傷も例外ではありません。

私たちの魂は、〈愛する〉こと、つまり〈無条件で受け入れる〉ことを学ぶために、その学びに必要な人たちや条件に出会うよう運命づけられているのです。

もし、食生活に大きな変化が見られたり、体重が急増、激減したりしたら、今まで眠っていた傷が呼び起こされた可能性があります。傷を呼び起こす何かが、あなたに起こったはずです。どの傷が、いかにして呼び起こされるのかを考えてみましょう。

〈拒絶による傷〉と体重

「私は何の価値もない人間だわ。できるだけ目立たないようにしなければ。私がいなくなったとしても、誰も気づかないに違いない。肉体的な悦びなんてぜんぜん興味ないわ。精神的に成長することだけが大切なの」

このような態度の、〈拒絶による傷〉を持つ人は、太ることができません。食欲もないし、一日に何度食事をしても、また、太るとされているものを食べても、まったく体重に影響が出ません。神経質なため、新陳代謝が活発なうえ、消化器官がよく働くので、食べた物がからだに残らず、体重増加につながらないのです。

このような人は、生まれて以来、母親から受け入れられ、愛されていると感じることができず、母親の母乳や抱擁をいやがったはずです。

こういう人たちは、何でも否定するのが好きです。たとえば、「絶対、砂糖は口にしない」と言い、自分でもそうしようとしますが、現実はそうはいきません。コントロールできなくなって、ついつい甘いものを食べてしまいます。これが嫌い、あれが嫌いと言いますが、この食わず嫌いは、食べものを本当に味わおうとしないためです。

また、アルコール中毒、麻薬中毒におちいりがちですが、自分はそのような問題とは無関係だと思い込んでおり、現実を認めようとしません。

〈見捨てによる傷〉と体重

「もっとまわりの人たちから気にかけてもらいたい、支えてもらいたい。今までに、充分愛されたことがない」というのが、〈見捨てによる傷〉を持つ人の内面です。満たされていない、という気持ちをまぎらわすためにたくさん食べるのですが、それほど太りません。このタイプは、母親から大切に育てられたはずなのに、自分では、愛情を充分受けられなかったと思い込んでいます。事実を把握しておらず、受けるべき愛情が足りなかったことだけを覚えているのです。

このタイプは、家庭内では、父親から充分な注意を向けられて初めて、自分は愛されるに値する人間だと思うことができます。つまり、誰かから注意を向けられなければ、自分の存在の価値を肯定できないのです。

相手からの気づかいと支えが得られないと、見捨てられたと思い込んでしまい、やけ食いをしますが、そうしたところで、わずかたりとも太ることがありません。「満たされていない」という内なる思いがそうさせているのです。暴食が消化器官に影響して、からだが栄養を吸収しないようになっているのです。

〈侮辱による傷〉と体重

この傷を持つ人は、他の傷に比べて、かなり特長があります。なぜなら、感覚的な悦びを感じると、同時に罪悪感をいだいてしまうからです。特に、自分は神の愛に値しない人間だと思いがちです。

このような人は、幼い頃に、感覚的な悦びを求めているところを誰かからとがめられ、屈辱的な思いをしているはずです。そして、感覚的であることはいけないことだ、という〈思い込み〉を植えつけられてしまったのです。その後、学校で道徳的な話を聞かされたりして、思い込みをさらに固いものにした可能性もあるでしょう。

もし、あなたがこの種の傷を持っているのなら、子どもの頃、両親や先生に、何か身体的なことで叱られた経験があるはずです。たとえば、洋服を汚したとか、他の子よりたくさん食べたとか、変なしぐさで人目を引いたとかです。そして、その反動から、とにかく精神的であろうとし、どんなことをしてでも神様に気に入られようとします。神に値しない人間であることを恐れ、心の傷口をしっかりふさいで隠そうとするのです。

アメリカを例にとってみましょう。この国では、〈神〉という言葉が頻繁に会話の中に出てきます。大統領も信仰心が篤《あつ》く、日曜には必ずミサに行くでしょう。彼らの硬貨には In God we trust「我々は神を信ずる」と掘り込んでありますし、God Bless you！「あなたに神の恵みがありますように！」と、しょっちゅう言い合っています。

このように、神や信仰が生活の大きな位置を占める一方で、世界で最も肥満率が高い国として有名です。つまり肉体的、感覚的な悦びを求めることに、罪悪感を抱えながら生活している人が多いのです。

〈侮辱による傷〉に苦しむ人は、心の中でつぶやきます。「太るって分かっているのに食べるのをやめられない！　私は食い意地が張った豚のようだわ。もう食べるのをやめなければ、もっと太ってしまう。いいえ、もういいの。どうせ太りすぎだから、あと数キロ増えたって、結局は同じこと。絶対に痩《や》せることなんてできっこないわ。とにかく、おいしいんだから」と。

こういう人たちは気づいていないのです。罪悪感や自分を蔑《さげす》む気持ちを持っていては、本当に食べものを味わい、楽しむことはできないのだということに。

このように、〈侮辱による傷〉を持つ人は、幼年時代に、食べものを味わう喜びは悪いことで、自分の楽しみを優先させるのは利己的だと教えこまれ、自分以外の人たちの幸せを優先するようしつけられました。しかし、そんなふうに行動したところで、何の見返りもないので、その不満を食べもので埋めようとするのです。

五つの傷の中で、〈侮辱による傷〉を持つ人が最も太りやすい理由が、お分かりいただけたでしょうか？　食べる量ではなく、心のあり方が違いを生むのです。

〈拒絶による傷〉や〈見捨てによる傷〉を持つ人とは反対に、〈侮辱による傷〉を持つ人は、どんなことにおいてもすぎることが特徴です。彼らは心の中で、しょっちゅう繰り返します。「また食べすぎている。やめなければ」と。

このタイプには、自分は他の人たちより食べる量が少ないはずなのに、体重がすごく増えていることに驚く人がいます。また反対に、コントロールができなくなってしまい、恥ずかしいという思いから、隠れて欲望のままに食べてしまう人もいます。また、食べるのをやめなければと思えば思うほど、食べるのをやめられなくなる人もいます。

この問題については、後ほど詳しくお話ししましょう。

〈侮辱による傷〉を持つ人は、自分のからだが太るのを見ながら太っていきます。第六章、第七章では、この悪循環をどうしたら絶てるのか、どうしたら罪悪感から解放されるのか、についてお話ししましょう。

〈裏切りによる傷〉と体重

「すべてを楽しみたい。自分がやりたいことは絶対やりたい。人に指示されたくない。自分のからだの言うことさえ聞きたくない。自分のことは自分で決めるし、まわりの人たちも自分の思い通りにしたい」

〈裏切りの傷〉を持つ人のつぶやきです。

子ども時代、彼らは食事を管理されていると感じていました。口にできる食べものは、親が選んだものだけです。このような子どもたちは、チャンスがあれば親の目を盗んで、禁止されているものを食べようとします。

私の息子がまだ幼い頃のことを、お話ししましょう。外出先から帰宅した私は、リビングのソファの横に、食べかけのおやつの皿を見つけました。その部屋は模様替えしたばかりで、そこで食べることは固く禁じられていました。

なぜ息子は、このように食べた証拠を残したのか、当時の私にはまったく理解できませんでした。そして、叱られると分かっていながらこのようなことをした息子の愚かさを、激しく責めました。少なくとも、食べた後できれいに片付けていたら、私に気づかれなかったはずなのです。

でも今の私には、この息子の行動の意味がとてもよく理解できます。彼は、「僕を完全にコントロールすることなんて、できないんだよ！」と訴えたかったのです。

こうしたさまざまな経験から、私は学びました。親にコントロールされすぎた子たちは、〈裏切りによる傷〉を持ち、反抗的になりますが、それは自分自身の価値を確認するためなのだということを。私の息子は成人し、私のコントロールから解放されたとたん、ジャンクフードを好きなだけ食べるようになりました。これは、「もうママの言うことは聞かないよ」、という意思表示そのものだったのです。

このように、コントロールされている子は、当人が本当に必要としている愛情を受けて育てられていません。親は自分自身の親から教えられたことや、〈思い込み〉に従って、子どもを自分の所有物のようにコントロールしようとするのです。自分では愛情を注いでいるつもりですが、それは、子ども自身が必要としているものではないのです。

このように育てられた人は、食べものをちゃんと味わっていません。彼らがテーブルで見せる、料理に塩やコショウなどをかけすぎる態度からもそれが分かります。食べものをゆっくり味わおうと努力しても、舌が充分に味を楽しむことができないのです。また、早食いの習慣がついているため、「満腹した」という信号がすぐ脳に伝わりません。そして、誰かに従うのを嫌い、自分自身からの声さえ聞こうとしないのも、このタイプの特徴です。

彼らは、自分のからだの声に耳を傾けないため、必要以上に食べます。食べすぎたと分かっているので、いけないと思いますが、その感情こそが太る原因となるのです。腰やおなかまわりが太くなる女性に比べて、男性の場合は、肩や胸のあたりが厚くなってきます。そのため、たくましい風采になり、本人も無意識のうちに強くて能力のある面をアピールしようとするため、肥満した人というよりも、たくましい人と見られるようになるでしょう。

〈不正による傷〉と体重

「あらゆる面で、私は完璧でなければならない。特に立ち居振る舞いや外見は。ごまかしは絶対許されない。完璧な体形を保つために、食べものにはいつも気をつけなければならない」

〈不正による傷〉を持つ人のつぶやきです。どの傷の人よりコントロールが強く、自分に厳しいので、体重がほんのわずか増えただけで深刻になります。いつも体重をチェックし、ちょっとでも変化があると、すぐさまダイエットします。中には、太るのを恐れて一生ダイエットをしている人もいるでしょう。少しでもダイエットからはずれたことをしてしまうと、深く反省し、今度は絶対、完璧にやると誓うのです。しばらくのあいだはできても、どんな人にも限界があるため、やがてコントロールしきれなくなることがあります。

彼らは、コントロールできなくなると、それをごまかして隠そうとし、自分でもその事実を認めようとしません。食べ方だけではなく、他の分野でも、同様の態度をとるでしょう。完璧であろうとしながらそれができない、ということを認めようとしないのです。

たとえば、ある人が、自分の能力を超えた仕事をすることになったとしましょう。その日の終わりには、自分への褒美をあげたくて、ついついコントロールを失った食べ方をしてしまいます。「私はがんばったのだから、こんなふうに食べていいんだ」と自分に言いわけするのです。〈不正による傷〉を持つ人は、こういった言いわけがものすごく得意です。

この人は、その日一日じゅう、完璧であろうとし、怠け者だと思われることを恐れ、からだの声を無視し続けて過ごしました。そのため、ついに限界に達してしまい、コントロールを失うはめになったのでした。

こうした食事の仕方は、私たちの内面を映し出し、自分に対して要求が高すぎる状態であることを教えてくれます。

このタイプの人は、年齢とともに体重も増えてきます。からだのどの部分が特に太るということではなく、からだ全体に体重が行き渡る傾向にあります。ダイエットしては、コントロールできずに罪悪感から食べ、そしてまたダイエットする、という悪循環を繰り返します。このような人は、他の人が太っていくのにも、自分に対してと同様、寛大でいることができません。

私たちが太る、その原因

〈拒絶による傷〉〈見捨てによる傷〉を持つ人たちは、いくら食べても太りません。逆に、〈侮辱による傷〉〈裏切りによる傷〉〈不正による傷〉を持つ人は、すぐ太るでしょう。ただし傷の種類によって、異なる太り方をします。

あなたはどんな食べ方をしていますか？　これまでの話を参考にしていただくと、あなたの中で、どの傷が今いちばん呼び起こされており、どの傷が眠っているかを知ることができるでしょう。

また、複数の傷がうずいていることもよくあります。たとえば、〈侮辱による傷〉を持つマゾヒストが、食欲を抑えられなくて、一週間好きなだけ食べた後、急にダイエットを始めたとします。この、ダイエットを自分に課したのは、〈不正による傷〉を持つ頑固な自分です。

私たちが太る原因は、自分を受け入れられない罪悪感である、ということがお分かりいただけたでしょうか？　このことは、食生活だけではなく、他の分野にも通じます。からだが必要としているものが分からないと、生きていく上で何が自分に必要なのかも分かりません。そして自分を愛せなくなってしまうのです。

だからと言って、体重が増えない人は罪悪感を持っていない、というわけではありません。罪悪感は、体重だけでなく、病気や、事故などのさまざま形になってからだに影響を与えます。どのように〈罪悪感〉を〈責任感〉に変えることができるのかは、第七章でお話ししましょう。

体重計に乗りたがる人たち

完璧主義の人たちは、毎日と言っていいほど体重計に乗りたがります。実際、私も、たくさんの方から、「定期的に体重をチェックすべきでしょうか？」という質問を受けてきました。私自身、〈不正による（深い）傷〉を持っているので、自分のからだが太っていくのが受け入れらない人の気持ちがよく分かります。特に、それまで太る悩みを経験したことがない場合は、いっそう深刻だと言えるでしょう。

私自身は、更年期に体重の問題を経験しましたが、はっきり言って、体重計は逆効果でした。針の示す数字が大きくなってくると、本当に空腹であっても、食べながら罪悪感をいだいてしまうし、針が小さい数字を示すと、一種の〈許可〉を得たような気分になって、自分を甘やかして食べすぎてしまうからです。もし、あなたも私と同じでしたら、頻繁に体重を量《はか》るのはやめた方がいいと思います。朝の体重計の数字でその日の気分が左右される人を知っていますが、そんなことは無意味だと思いませんか？

体重は、その増減に、気分や食べ方を左右されないという条件で、たまに量るくらいがいいでしょう。たいてい、太ったか痩せたかは、洋服を着るときに分かるので、体重計に頻繁に乗る必要はないはずです。

自分に合ったダイエットを

私がよく受けるもう一つの質問は、「減量したい人たちのためのグループに参加すべきでしょうか?」というものです。この質問に、私からイエス、ノーと答えることはしていません。そのかわり、次のように自分自身に問いかけてみることをアドバイスします。

「グループが提唱するプログラムの通りにできない時や、ミーティングで体重を量られて一週間で一キロ太ったことが分かった時、そのことでストレスを感じるだろうか？　また、ミーティングで元気をもらっているだろうか？　グループでアドバイスしてもらった食事で、空腹感に苦しむことなく、健康になっているだろうか?」

もし、そのグループに参加することが、あなた自身によい効果をもたらすのであれば、入会したほうがいいでしょう。このように、人生において、判断能力を磨くことはすごく大切です。特に、自分に役立ち、長く続けられることを見定める能力を、身につけましょう。

どんな分野でも、すべての人に合うものはありません。そのことを、心にとめておいてください。自分に合ったものを選ぶことです。他の人によかったからと言って、それが必ずしもあなたに合うとは限りません。

もし、選んだものが自分に合っているかどうか確信が持てなかったら、少なくとも三カ月は続けてみましょう。そうすれば、それが自分に合っているのかどうか分かるようになります。

からだのバランスを取り戻す

私たちのセンターで、よく見られる現象についてお話ししましょう。セミナー参加者——特に女性——が、自分の抱えていた〈思い込み〉や〈傷〉、〈恐れ〉をはっきり意識するようになると、体重が数キロほど増えることがあります。特に、〈不正による傷〉を持っている人に、この傾向が見られます。

これまで、あまりにも自分をコントロールしてきたため、このままでは生きていけないと気づいたのです。もし、あなたも同じ状況だとしても、心配しないでください。あなたのからだは、今までのコントロールから解放されて、自然な状態に戻ろうとしているだけですから。この大事な過程を経て、あなたのからだは本来の自然な体重に戻るはずです。

もし、体重が増えたままでしたら、それまでのコントロールが相当きついものだった証拠です。新しいやり方を模索する時、正反対に揺れることがありますが、からだがコントロールから解放された反動で、バランスを失っている状態なのです。それは、片側に載っていた重い荷が降ろされた天秤《てんびん》にたとえられるでしょう。はじめは激しく揺れますが、次第に動きが静まり、ついには平衡を取り戻します。あなたも、自分のからだにこの調整の時間を与えてあげてください。

からだからのメッセージ

たった数カ月のあいだに、二〇キロから三〇キロも体重が増えた、と聞くことがあります。このように体重が急激に増える原因としては、心理的なショックが考えられるでしょう。つまり、私たちがまだ受け入れていない〈傷〉によって、何らかの状況が引き起こされたのです。

そして、この状況に罪悪感をいだいており、〈食べる〉ことによって、それをまぎらわそうとしたのでしょう。また、この罪悪感そのものも、私たちを太らせます。

このように、私たちのからだは劇的な手段で私たちの注意を喚起し、訴えているのです。「**今こそ、もっと自分を愛し、弱さや限界を持った自分をありのままに受け入れるべきですよ**」と。

第六章　自分を幸せにするための食事

何もやる気が起こらない時ってありませんか？　そんな時、あなたを形づくっている〈物質体〉、〈感情体〉、〈精神体〉のうちのどれかが、きちんとケアされていない可能性があります。この三つのボディはお互いにしっかり結びついているので、〈物質体〉の状態が悪いと、〈感情体〉や〈精神体〉にも悪い影響を与えます。この章では、心のあり方に直接影響を与える物質体である〈からだ〉について、具体的に詳しくお話ししていきましょう。

理想的な体重とは何でしょう

はじめに、理想的な体重について明確にしておきます。「私の理想的な体重はどれくらいでしょうか？」という質問をよく受けるからです。実は、その答えを知っているのは、あなただけなのです。あなたのからだは、どの体重があなたにとって〈自然〉なのかを知っています。

この〈自然〉というのは、〈標準〉ということではありません。つまり、あなたにとって〈自然〉な体重とは、保険会社によって統計的にはじき出された〈標準〉的な体重のことではないのです。たとえば、一生、太ったままの人は、太った自分に向きあうことで、もっと自分を愛することを学んでいくことができるかもしれません。つまり、その体重は、その人の人生計画の一部であり、自然な体重だと言うことができるでしょう。そういった意味での自然な体重のことを、理想的な体重と言うのです。

人間は、自分のからだに起こっていることの一〇パーセントくらいしか意識できないと言われています。つまり、私たちのからだは意識を超えたところで、黙々とその営《いとな》みを続けてくれているのです。

たとえば、からだは、飢餓状態になる恐れがないと判断すると、自然な体重に戻ろうとします。さらに、無意識のうちに食べるのを我慢しているということも察知しますし、「また食べすぎてしまった。我慢しなくては」などというエゴのささやきも聞いています。

ダイエットの計画を立てると、逆に、からだは食べたものを貯蔵しようとするでしょう。これは、サラリーマンが半年後に失業すると分かったら、それまでできるだけ貯金しておこうとするのと同じです。からだも、栄養が得られない時に備えて貯蓄しようとするのです。
しかし、あなたが内面の態度を変え、今の自分を受け入れ、そうした自分を愛することができるようになれば、必ずあなたのからだはそれを感じて、ゆっくりとあなたにとっての自然な体重（理想的な体重）になっていくでしょう。

たしかに、厳しいダイエットをした人は、急激に体重を減らすことができます。生命維持に必要なカロリーの欠如を、〈筋肉〉から補給したからです。しかし、ダイエットをするのではなく、からだの必要に応じた食事をしていると、補給元は〈筋肉〉ではなく、〈脂肪〉の部分になります。

筋肉が弱ってくると、からだは飢餓状態であることを察知します。そして、正常な状態で生きていけないことを感じ取り、不安になるのです。そのため、次第に新陳代謝が鈍《にぶ》っていきます。これは限られた栄養源をゆっくり消化吸収することによって、脳や心臓を働かせ、呼吸、消化吸収、体温保持など、生きていくのに最低限必要な活動を持続させるためです。それゆえに、ちょっと食べただけでも、余分になった栄養が、からだに蓄積されて太ってしまうのです。でも、これは、からだがちゃんと働いている証拠だと言えるでしょう。

太っていることを〈恐れる〉ダイエットは、自然な営みとは言えません。自然でいるとは、自分自身であること、からだの声に導かれること、今この瞬間の自分を愛することだからです。私たちのからだは、バランスのとれた健康な状態に戻ろうと、けなげに、一生懸命働いています。

それを無視するダイエットは、一時的な結果しか、もたらしません。

統計によると、ダイエットで減量した人の九〇パーセントが、元の体重に戻っただけでなく、その後しばらくしないうちに、さらに数キロ太ってしまうという経験をしています。こうして、減量に失敗した人は、またダイエットを始めます。果てしない繰り返しです。実は、これこそが、世界中でダイエット・ビジネスが栄えている理由なのです。

さらに、からだについた脂肪は、からだの毒素の貯蔵庫になる、ということを知っておきましょう。このテーマに関しては、ダヴィド・セルヴァン・シュレベール博士の『がんに効く生活』を読むことをお勧めします。

この本を書いたピッツバーグ大学「統合医療センター」所長のダヴィド博士によると、脂肪のつきすぎた部分は、毒素の溜まり場になるということです。したがって、痩せるなら筋肉ではなく、脂肪を減らすべきなのです。肥満の病人に、医者が最初にアドバイスするのが減量であるのは、このためです。健康を取り戻すための基本なのです。

今日のエネルギーはどれくらい？

その日の活動によって、からだが必要とするエネルギーの量は異なります。たとえば、一日じゅう力仕事をした日と、デスクワークをした日、テレビの前でのんびりしていた日は、消費するエネルギーが異なってきます。また、汗をたくさんかいた日は、普段より多くの水分と塩分を必要とするでしょう。

一方で、頭を使う仕事は、カロリーを多く必要とします。体重の二パーセントしか占めない脳は、からだ全体が一日に必要とするブドウ糖の約五〇パーセントを消費すると言われています。

からだが必要としているものを食べることの大切さが、お分かりいただけるでしょうか？　もし、からだが甘いものを欲しがっていたら、甘いものを食べるべきです。でも、忘れてならないのは、以前の章でもお話ししたように、甘いものを欲しがるのが、からだの声なのか、それとも〈感情的〉なものなのかを感じ分けることです。

だからと言って、そんなに神経質になる必要はありません。深刻な顔でテーブルに向かうのはナンセンスです。食事は思いっきり楽しみましょう。自分のからだにこう伝えてください。「今の私は、あなたの声を聞けるように訓練中だから、まだ一〇〇パーセントは理解できないと思います。もし、必要としないものを食べてしまったら、余計なものは排出してください。だんだん、あなたが必要としているものを感じることができるようになって、あなたの負担も少なくなるはずだから」

発想の転換で、愛のある食卓に

家で食事を作るのがあなたでしたら、家族全員が、いっせいにおなかをすかせ、同じ栄養を必要とすることなどあり得ない、ということをよく覚えておいてください。

「召使《めしつかい》じゃあるまいし、一人ひとりの好みに合った食事を用意するなんて、できっこないわ！」

私はこれまで何度、このセリフを聞いてきたことでしょう。でも、やり方によっては、家族それぞれの必要に合った食事を準備することは、それほど難しいことではありません。

これからご紹介するやり方に私が切り替えた時期、子どもたちはまさに思春期まっさかりでした。それまでの私は、家族全員に対し、決まった時間にテーブルにつき、私が料理したものをきちんと食べることを強制していました。「私は召使じゃないのだから、あなたたち一人ひとりに合わせて、何皿も準備できないのよ」と繰り返しながら。

でも、それぞれの好み、おなかのすき具合が違うため、当然のことながら、言い争《あらそ》いが頻繁に起こりました。用意した料理を拒否されると、私は感情的になり、こう思ったものです。「手間をかけてこんなに栄養たっぷりの料理を用意したのに、少しも感謝してくれない。なんという時間の無駄だろう！」と。

そのうち、私は、自分が、母親とまったく同じ〈思い込み〉に縛られていることに気づいたのです。その思い込みとは、次の二つです。

▼健康でいるためには、一日必ず三回、食事をしなければならない。

▼栄養のあるおいしい料理を準備して食べさせるのは、愛情表現の一つであり、母親の義務である。

子どもたちが、決められた時間に食べなかったり、私の料理をいやがったりしている様子を見て、このままでは病気になってしまうのではないかと思い込んでいたのです。完璧な母親でいたかった私にとって、子どもたちが栄養の偏《かたよ》りで病気になることは、絶対にあってはならないことでした。〈悪い母親〉と裁かれるのを恐れていたのです。これこそ〈不正による傷〉にコントロールされている、いい例です。

当時の私は、このように、自分が〈完璧な母親〉でないことを恐れる反面、「母親とは、報《むく》いられることのない、損な役で、自分には家族全員を幸せにすることなどできっこない」と嘆《なげ》いていたのです。

同時に、「子どもたちに拒絶されている」という思い込みを持ってしまい、〈拒絶による傷〉にも苦しんでいたのです。

実は、この状況は、結婚当初からすでに始まっていました。今から思えば、私が最初の夫と結婚したのは偶然ではなく、私の人生計画の一部だったのです。私の義母は、ほとんど料理をすることがなかったため、夫は家庭料理というものを知らない人でした。

彼はテーブルについても、皿の上の料理をぼんやり眺《なが》めてこう言うのでした。「すまない。おなかがすいてないいんだ」

この言葉は私の心に突き刺さりました。気をとり直して、「一口だけでも食べてみて」と勧めると、夫は無理をして少しだけ口に入れた後、そそくさとテーブルを離れます。そして、食事が終わって誰もいなくなった時間を見はからい、台所の戸棚の中から自分が食べたい物を探し出すのでした。

子どもたちも夫と同じことを繰り返していました。私が、自分を縛っている〈思い込み〉に気づき、この重荷から解放されようと決心するのに数年かかりました。

こうして私は、家族の一人ひとりが〈必要〉としているものを尊重することにしたのです。模範的な主婦を演じるのをやめて態度を改めると、すべてが驚くほどうまくいくようになりました。具体的にどんなふうにやり方を変えたか、お話ししましょう。私は相変わらず、食事の準備をし続けました。ただし、家族一人ひとりがその日に何を食べたいか、どれくらいおなかがすいているか、などということは考えないことにしたのです。

そのかわり、食事の時間が来ても、おなかがすいていなかったら、無理に食べなくていいことにしました。二～三時間後でも、おなかがすいたとき、一人で食べればいいのです。チキンや野菜は、温かくても冷めていても、その栄養価は変わらないのですから。

もし、別のものが食べたかったら、気に入ったものを冷蔵庫から探し出せばいいことにしました。サンドイッチを作るという手もあります。

意外なことに、実際にやってみると、ばらばらに食べることは週に一～二度くらいしかなく、たいてい、家族みんなが、私が料理したものを一緒に食べたがりました。これは、私が〈思い込み〉という重荷から解放されて、家族をコントロールするのをやめたからでしょう。

「でも、好きなものを自由に食べていいと許したら、ジャンクフードも食べてしまうのでは？」というのが、あなたの反応でしょうか？　このような心配をする人には、私から質問しましょう。「誰がそのような食べものを買って来るのかしら？　健康にいい食べものだけを買ってきて、キッチンに置いておけばいいだけではないでしょうか」と。そうすれば、子どもたちがどれを選んだとしても、からだにいいものだけを食べることになります。何も心配することはありません。

また、私は子どもたちに、もう一つの許可も与えました。毎週のおこづかいで、何でも好きなものを買って食べていいことにしたのです。近所にはお店があり、キャンディ、チョコレート、ジュース、スナック菓子などを買うことができました。

はじめのうち、彼らは大喜びでお店に走り、いわゆる〈ジャンクフード〉を買っていました。

そんな子どもたちに対して、私は、頭ごなしに非難するのではなく、時間をとって、きちんと説明しました。「食べものによっては、からだに害になる場合があること」「それぞれのからだの主《マスター》は、ほかでもない子どもたち自身であること」「からだをだめにするかどうかは自分で決め、その責任も自分で取ること」などを。しばらくすると、子どもたちは、自分たちが自分のからだの主《マスター》だという自覚が芽生《めば》えたらしく、お店に足を向けなくなり、食べものに使っていたお金を別の目的に使うようになったのです。

食べるものを自分で選び、その結果の責任も自分で引き受けることにすると、徐々によい食べものを選ぶようになり、ストレスを感じなくなるのです。

また、男性と女性では、からだが一日に必要としているエネルギー量が異なることも忘れてはなりません。女性のあなたと、あなたのパートナーが必要とするエネルギー量は異なります。男性の新陳代謝率は、女性より一五〜二〇パーセント高いとされています。男性の方が女性より体格が大きく、骨の量が多いため、より多くのカロリーを吸収しなければならないのです。

しかし、たいていのカップルはだいたい同じ量を食べています。食事を準備する時、同じものにしなければならないと思い込んでいるからです。これもまた見直すべき習慣でしょう。

料理をして食べさせることが愛情表現だと思い込んでいる人たちがいます。もし、あなたがその一人でしたら、あなたもきっと、出された料理は無理してでも食べるタイプでしょう。かつての私がそうでした。

でも、これからは、誰かに料理を勧められた場合でも、「いいえ、今は結構です。また後で」とか「ちょっと考えさせてください」と、無理をしない方がお互いのためにいいのです。自分のからだが必要としていないものは断る、という新しい習慣をつけましょう。

そのうちに、余計な言いわけなしに自然に言えるようになるはずです。「いいえ、結構です。今は欲しくないので」、または「おなかがすいてないのです」、ついには「あ、今は結構です」だけですませることができるようになるでしょう。あなたの迷いのない言い方から、相手はあなたの誠実な本心を感じて、それ以上は勧めないはずです。

食事の仕方を通して学んだことは、他の分野にも応用できるでしょう。「いいえ、結構です」という断り方を使えるのは、食事の時だけではありません。どこにでも、自分の思うようにまわりの人を操作しようとする人はいるものです。そういう人たちは、自分が満足したいだけなのです。そんな時は、はっきり「いいえ、結構です」と言えるようになりましょう。

要は、あなた自身が自分に必要なものを感じる力をつけること、そして、それをまわりが察してくれるのを待つのではなく、はっきりと言葉で伝えることです。

相手を尊重するということは、その人が必要としているものを否定しないということです。これは、子どもや夫、年老いた親など、近しい人の食事に厳しい態度を取る人に、特に考えていただきたい問題です。もちろん、相手の健康を思ってのことですから、気持ちは分かります。でも、それでは相手を尊重していることにはならないのです。

愛する人に対して、そのように頑固であるということは、あなた自身に対しても同じ態度を取っているということです。つまり自分を尊重していないということになるのです。これも、コントロールの一例だと言えるでしょう。

あなたが、まわりの人をコントロールしようとするのをやめたとたん、彼らもあなたに対して、言い張るのをやめるはずです。つまり、相手が必要としているものを尊重すればするほど、相手はあなたの言うことに耳を傾けるようになります。これは食べもの以外の分野でも同じことが言えるでしょう。

食事を楽しくするルール

今日、私たちの生活はあわただしく、家族みんなが顔を合わせるのは、食事の時だけという場合がほとんどです。そして、この貴重な時間を、言い争いや非難、不平不満のぶつけ合いに費《つい》やしているのです。早くテーブルから離れたくて、料理を味わうこともなく、さっさとかき込むように食べていませんか？　このような態度は、食べものから何の効果も引き出せない最悪の食べ方だと言えるでしょう。

もし、あなたの家族もこのような状況でしたら、いい解決方法があります。家族全員に以下のことを約束してもらうのです。「食事の時は、楽しい話だけをすること。もし、誰かがうっかりこの約束を忘れて、少しでもネガティブなことを話し始めたら、みんなで決めておいた合図、もしくは合言葉で、約束を思い出させること」

もちろん、最初のうちは、家族の誰かがうっかり忘れてしまうこともありますが、根気強く続けることによって、少しずつ習慣化することができるでしょう。

食事の最中にお互いに非難し合っていると、胃の活動は鈍り、食べものを消化吸収できなくなります。これは、〈こころ〉が人や物事を拒絶しているため、〈からだ〉も食べものを受けつけなくなった状態です。〈こころ〉が、まわりの人たちを愛情深く受け入れて、非難という重荷から解放されると、〈からだ〉もまた自然な働きを取り戻すことができるのです。

空腹と満腹を知る方法

空腹かどうかを感じるのは、最初は、かなり難しいかもしれません。七二ページでご紹介した質問を使っても、すぐには空腹かどうかを見きわめることができないはずです。特に、これまで

〈欲望〉や〈感情〉に振り回されて食べていた人にとっては、大きなチャレンジでしょう。でも、忘れないでください、あらゆる新しい習慣を自分のものとするには、それなりに時間がかかるということを。

空腹を感じることが、なぜそんなに難しいのでしょう？　それは、あなたが、〈からだ〉からの信号をこれまで無視し続けてきたためです。

ここで、例として、ある一人の女性のことをお話ししましょう。彼女は、すごく短気で、家でもすぐに怒り出すので、家庭はいつも険悪な雰囲気です。彼女はなんとかしなければと思い、夫に、自分が怒り出したら冷静になるように合図を送ってほしいと頼みました。

数週間、夫は合図を送ることを続けましたが、彼女はそれを無視して怒りを抑えようとせず、状況は少しも改善しませんでした。あと、どれくらいのあいだ、夫は彼女に合図を送り続けてくれると思いますか？

あなたが、空腹かどうか、〈からだ〉からの信号に注意を向けなくなって久しいのであれば、〈からだ〉はもうどんな信号も発しなくなっているかもしれません。特に、空腹の信号より、満腹の信号の方が感知しにくいようです。でも、がっかりしないでください。根気強く訓練すれば、必ず感じられるようになるでしょうから。

私が、数年前から毎朝実行している体操、《チベットの五つのポーズ》についてお話ししましょう。友人の一人が教えてくれたのですが、はじめの頃はポーズをとるのがやっとで、彼女のように柔軟なからだになれるとは思いもよりませんでした。

ところが、数年間、根気よく練習を続けていると、いつのまにか私も彼女のようにしなやかなからだの持ち主になっていたのです。自分でも驚きましたし、自分をほめてあげたいと思いました。これからも、年齢を重ねながら、このエクササイズを楽しんでいけるでしょう。

私がお勧めしたい、満腹かどうかを判断する方法をご紹介しましょう。それは、食事が半分くらい進んだ頃から「まだ、おなかがすいているだろうか？」と自分に問いかけてみることです。おそらく「まだ」と、からだは答えるでしょう。

それから、少し時間をおいて、また同じ質問をします。「まだ」という反応だったら、また間隔を置いて同じ質問を繰り返しましょう。この方法を繰り返しているうちに、からだが満たされた時を、感じられるようになるはずです。

そして、あなたのからだがどんな信号を送ってくるのか、理解できるようになるでしょう。人によっては、満腹になると、料理がそれほどおいしくなくなりますし、胃が張る感じがする人もいます。なんとなく感じとることができる人もいるでしょう。

また、何かを飲みながら食事をすると、満腹になったのを感じることができにくくなる、と言われています。食べものと混ざり合った水分は、誤った感覚をもたらし、満腹になったという信号を送るのを邪魔するのです。飲みものは、食事の前か後に飲むことをお勧めします。

食べ終わるべきタイミングは、もうこれ以上一口も食べられないくらい満腹になった頃では遅すぎます。「充分に食べた」という合図は、この段階になるかなり前に感じることができるはずです。食べすぎてしまった時は、いつ食べるのをやめるべきだったのか、思い返してみましょう。食べすぎたものは、なんだったのでしょうか？「最後の五口が余計だったかしら？ ソースをつけて食べたパンかしら？ それともデザートを食べるべきじゃなかったのかしら？」というふうに。きっと今後の参考になるでしょう。

でも、忘れないでください、食べすぎたことで、自分を責めてはいけないということを。その罪悪感こそが、食べすぎた分を消化・排出する時の邪魔になるのです。後悔の気持ちをリセットして、次のように意識を持ち直しましょう。

「〈物質体〉が重く感じられるおかげで、〈感情体〉と〈精神体〉も重苦しい状態になってしまい、悪い方に考えが行きがちだけれど、これは一時的なことにすぎない」

ポジティブになるための最も効果的な方法は、その日がどんな一日であっても、ありのままの自分を受け入れ、愛することです。

そしてからだに伝えるのです。「食べすぎた分を、脂肪として蓄えるのではなく、排出してください。いま私は、あなたの声を聞けるように訓練している最中です。もっと自分を愛せるようになったら、あなたの声に対して注意深くなることができ、負担をかけることもなくなっていくでしょう」と。

実は、このような態度は、驚くような結果をもたらしてくれます。あなたが自分自身を受け入れていることを感じると、からだは、あなたの願いを聞いて、食べすぎた分を脂肪として蓄えるかわりに、排出してくれるのです。

このように、罪悪感をいだくことなく食べると、からだは食べすぎた分を排出してくれます。しかし、ストレスを感じながら食べていると、さまざまな悪影響をもたらします。しょっちゅう食べすぎるのに、ぜんぜん太らないでいる人は、そのストレスから消化器官に問題を抱えている可能性があるでしょう。

こうした〈食べすぎ〉が起こす危険の可能性は、特に、〈衝動〉から食べる人に見られるでしょう。自分を愛することができず、心の空白を埋めようとして食べるこのタイプの人に、ぜひアドバイスさせてください。からだが衝動を感じ、消化器官に問題があるのは、**「自分をもっと大切にして愛する時が来ていますよ」**とからだが教えてくれているのです。そのことに感謝しましょう。そして、ありのままの自分を受け入れ、愛することです。

あなたも、次のようなセリフをつぶやいたことがありませんか?

「お皿に残っているものを捨てるなんて、とてもできないわ。ああ、もったいない!」

「ああ、なんておいしいのかしら！　やめられないわ。おなかはいっぱいだけど」

「ここに並べられた料理は全部食べてみたいわ。せっかくのパーティを楽しまなくては」

これらはみんな、自分のからだの声を聞かないための言いわけですね。

あなたは今まで、あまりにも長いあいだ、自分の食事をコントロールすることに慣れてしまっているので、これからからだの声に従おうというあなたの決心に、エゴは不安になります。そして、あなたに責任を取れるはずがないと確信しています。

だからこそ、あなたは、自分で経験して、その責任を取れることを示し、エゴを納得させなければなりません。次のことを自覚しましょう。つまり、からだに不必要なものを食べる苦しみの方が、我慢することで心理的に苦しむのよりも、ずっとつらいということを。

お料理を残すことをためらう時、それが、物質世界を超えて、地球のどこかで必要としている人に届くところをイメージしましょう。私たちの強い願いは、宇宙の波動エネルギーを伝わり、地球上の誰かに受け取られることを私は確信しています。

「おなかがすいたらすぐに食べるべきかどうか？」という質問もよく受けます。最初の信号を受け取ったら、あまりからだを待たせないほうがいいでしょう。なぜかというと、あなたのからだが、食べものをもらえないと勘違いして、蓄積するモードに変わってしまうからです。

また、一日に何度も食べるほうが、空腹を我慢するよりもいいでしょう。コントロールして回数を減らすより、このほうが体重が増えないということは、矛盾するようですが事実なのです。私たちのセンターのセミナー参加者には、ナッツやシリアルバーなどを持ってきて、少しずつ、数回にわけて食べる人たちがいますが、彼女たちはたいていスリムな体形をしています。からだが空腹の信号を出している時、それをしっかり感じることができるからです。

あなたは、満腹感を感じる前に食べるのをやめてしまうタイプですか？　そうであれば、またすぐ、おなかがすくはずです。その場合は、ためらわずに食べましょう。間食はいけない、と自分をコントロールしてはいけません。

好きなものを好きなだけ食べていい

「いつでも好きなものを好きなだけ食べていたら、たいへんなことになるわ。私の好物は、甘いもの、こってりしたもの、すごくしょっぱいものばかりで、太ってしまうし、吹き出ものは出るし、おまけに消化に悪いものが多いんですもの」

あなたもこんなふうに思ったことはありませんか？　私は、そんな言葉をしょっちゅう耳にしているので、ぜんぜん驚きません。このように考える人は、欲望に負けてはいけない、自分をコントロールしなければならないと思っています。

あなたのこれまでの経験では、このようなコントロールはどんな結果をもたらしたでしょうか？　誘惑に負けて、我慢できずに食べてしまったとき、罪悪感をいだかずにいることができましたか？　答えはノーのはずです。私はこれまで、イエスと言う人に会ったことがありません。

あなたは気づいているはずです。「こうしてはいけない。そのかわりにこれをやらなければ」と思えば思うほど、ストレスを感じ、計画したことを実行できなくなり、なおさら自信喪失のストレスに苦しむことになる、ということに。この悪循環は、一番よくあるパターンです。

罪悪感を持てば、「それはいけないよ」と言うエゴの声はやむはずだ、と私たちは思い込んでいます。でも、残念ながら、それはまったく逆なのです。罪悪感を持てば持つほど、エゴの声はうるさくなります。では、どうしたらいいのでしょうか？　ここで、びっくりするような解決策をお話ししましょう。

なにか大好きな食べものを一つ選んでください。そして、好きな時に、好きなだけそれを食べるのです。毎日食べてもいいことにしましょう。

自分のからだに、「いま大切な実験をしているの」、と言い聞かせてください。大好物の食べものを気兼ねなく食べた場合、本当にそれがからだの害になるのか、自分自身で確かめてみるのです。

たいていの場合、実験の結果、その食べものが何の害も与えていないということを知って、ものすごく驚くはずです。あなたは、まわりの人たちが言うことを、きちんと検討もせずに、ただそのまま信じ込んでいただけだったのです。

このように、実際に経験してみることです。罪悪感を持たずに食べれば、それが自分のからだに悪いかどうかを比較的早く見きわめることができます。エゴの声に振り回されるのは、そろそろやめましょう。「食べるのをやめなさい。それは正しくない」というエゴのささやきで食べることをやめるのは、エゴにコントロールされているということで、あなた自身――つまりあなたのハート――が決めたことではないのです。

もし、コントロールを失い、食べるのをやめることができなくなったとしたら、あなたはまだエゴに縛られ、罪悪感から解放されていないのです。一つの食べもので実験して、罪悪感をいだいてしまうのであれば、あきらめず、別の食べもので再度挑戦してみましょう。誰も、あなたのかわりに実験することはできません。実体験を通して好きなものに対する考え方を変えることができるのは、あなたの他に誰もいないということを知ってください。

自分の好物を好きなだけ食べてみる、というこの実験では、何も失うものはないはずです。それまでだって、コントロールしようとしても、たいていうまくいかず、食べすぎていたはずですから。それに、健康に悪いと思い込んでいた好物が、案外あなたのからだに合っているという、うれしい発見があるかもしれませんよ。

ある女性が、思春期の頃に母親から言われたことを話してくれました。

「痩せたいのなら簡単よ。好きなものを全部、食べなければいいんだわ」

この母親が肥満に悩み、一生を罪悪感とともに過ごしたことは容易に想像できますね。少しでも何かおいしいものを口に入れたとたん、エゴが「太るぞ！」と繰り返していたのでしょう。これが、私たちから食べる喜びを奪う〈思い込み〉なのです。

あらゆる〈信念〉は、いい結果をもたらすものでなければなりません。もし、信念のせいで問題を抱えることになったり、暗い気分になったり、束縛感を持ったり、自分が本当に必要としているものを感じられなくなったりしたとしたら、その考えは自分にとってよくないことだと判断しましょう。**要は、自分の信じていることが正しいかどうか、ではなく、自分を幸せにしてくれるかどうか、いい結果をもたらしてくれるかどうか、ということなのです。**

〈思い込み〉は脳とリンクしています。私たちはたいていの場合、この〈思い込み〉から自動的に物事を判断し、行動しているはずです。あなたも自分自身のことを思い返してみてください。あまり深く考えることをせず、行動しているのではありませんか？　本当に自分に必要なことを感じて、自然に行動する場合もまれにはありますが、ほとんどの場合、エゴに支配されて行動しているはずです。

つまり、自分の行動を決めているのは、あなた自身ではないのです。いつかあなたも、自分の人生の主人公になって、すべての考え、すべての決断、すべての反応、すべての行動を、自分自身で選べるようになりたくありませんか？

そのためには、まず、自分の人生を決めているのが、今のところ自分自身ではない、という事実を認めることから始めましょう。そして、その後で、新しい習慣をつける決心をするのです。この新しい習慣は、あなたにきっと素晴らしい変化をもたらしてくれるでしょう。

そうした習慣を自分のものにして、新たな考え方、行動の仕方ができるようになるには、少なくとも三カ月はかかるはずです。脳と新たなつながりを築き、それまでの自動的な思考パターン、行動パターンを消し去るのです。ある状況に対し、いくつかの選択肢を持てるようになって、物事を見きわめる力を磨きましょう。

もし、あなたが〈ごまかす〉という言葉をよく使う人であれば、きっぱりとその習慣をやめましょう。〈ごまかす〉という言葉が思い浮かぶ時、あなたはたぶん罪悪感をいだいているはずです。ごまかしたことで罪悪感を持ってしまうと、自分を嫌悪して、自分をもっと罰するためにさらに食べ続けてしまうでしょう。

また、からだが本当に必要としているものを食べたのに、ごまかしたと思って自分を責める人たちもいます。すると、必要のない罪悪感をいだいてしまい、必要以上の量を食べることになってしまいます。

あなたは、ごまかしてしまった後、もう二度と食べすぎないようにしようと自分に誓います。禁止が、食欲に負けないための最良の方法だと考えるからです。ところが、実際は逆で、二度と食べすぎないようにしよう、と思えば思うほど、欲望に負けてしまうのです。そして、自分はいけないことをしたと思って、もう二度と繰り返すまいと誓うのが良い人間で、罪悪感を持たない人たちは無神経なのだ、と思い込むようになるでしょう。

こういったあり方を変えるためには、まず自分をありのままに受け入れることです。つまり、自分を責めたり、説教したり、また、実現できない誓いを立てたりするかわりに、自分が完璧でないことをそのまま認めるのです。

受け入れることとは、こだわりを手放すことです。**無理をせず、自分を受け入れることができると、きっとすべてが変わってくるでしょう。反対に、コントロールしようとすればするほど、事態が膠着《こうちゃく》して、何も変わらないでしょう。**

好きでないものを食べてしまう理由

私たちには時に、好きではないものを食べてしまい、後で、なぜ自分はこの食べものを選んだのだろう、と自問することがあります。これは子どもの頃、母親がしてくれたように、自分自身をほめてあげようと思う時に起こります。

子どもに対して、母親は、食べものを与えることで愛情を伝えようとします。そして、たいていの場合、それらは、子どもの苦手なものだったのです。子どもはこれらの好きでもないものを食べることで、母親の愛情を感じ、心理的な喜びを感じたのです。だから、自分をほめてあげようと思うと、ついつい自分が好きではないものを食べることになるのでしょう。

日々の食べものの記録を続けていく際に、そうした動機から食べていることに気づいたら、まず、意識化できたことに感謝しましょう。そして、自分への褒美として、もっと別な方法を考え出すのです。あなたには、もう、母親からのご褒美やなぐさめは必要ないのですから。

また、レストランや知人の家で料理を勧められて、好きでもないのに食べ続ける人たちがいます。このような人たちは、まわりの人の気分を害することを恐れて、自分のからだの声を無視してしまうのです。

あなたがつけている記録の〈関係〉の欄に、まわりの人に気を使って自分の不満を言えない状況が書かれてあったら、あなたも同じ〈思い込み〉の犠牲者だと言っていいでしょう。あなたの中の〈恐れ〉が、からだが必要としていないものや好みに合わないものまで、あなたに無理やり食べさせたのです。

そして、食べもの以外でも、あなたは同じような行動パターンをとっているはずです。もっと自分を大切にしましょう。まわりの人に、あなたが必要としているものを言葉で説明してみるのです。誰も気を悪くしないことに気づくことができ、〈思い込み〉から解放されるでしょう。

アレルギーと心の関係

近年、世界各地で〈食物アレルギー〉と〈食物拒否反応〉を持つ人々が急増しています。低年齢層に多く見られ、大人になっても苦しむ人が少なくありません。また、大人になってから発症するケースもあります。

〈アレルギー〉は、〈食物拒否反応〉より、からだに深刻な影響を与え、時には命に関わることさえあります。食物に含まれるタンパク質の一種が、体内の免疫システムを刺激することによって起こり、呼吸困難や皮膚発疹などを引き起こします。

アレルギーと異なり、〈食物拒否反応〉は、免疫とは関係がありません。ある特定の食物に対して胃腸が拒絶反応をし、消化吸収ができないという反応です。

あなたにも、このような拒絶反応を起こす食べものがありませんか？　もし、あったとしたら、なぜそのような反応をしてしまうのかをじっくり考えてみましょう。そうすることで、自分をより深く知ることができます。実は、消化できないのは食べものではなく、あなたと関係のある誰、かである可能性が大きいのです。

あなたの〈からだ〉が拒絶反応を起こす食べものについて、「これは私にとって何を象徴するのだろうか？　何を連想させるのだろうか？」と自分に問いかけてみてください。あなたの中に抑圧されていた感情を見つけ出すことができるかもしれません。その感情は発見され、解放されることを、長いあいだ待ち望んでいたのです。

一例として、ある女性のお話をしてみましょう。彼女のからだは、キュウリに対して拒絶反応を示していました。四〇年間もこのような状態が続いた後で、その原因が、幼い頃に父親から受けた性的虐待だったことに気づきました。キュウリはそのおぞましいイメージを連想させたのです。彼女は、父親を受け入れ、許すことで、キュウリを問題なく食べられるようになりました。

私の場合は、トマトの入ったスープでした。一口でも食べると、吐き気をもよおし、トイレに駆け込まなければならないほどでした。その理由が分からない私の母は、なんとか食べさせようとするのですが、いつも無駄でした。

そして私は、あるとき気づいたのです。トマト味のスープは、私が五歳の頃に入れられた修道院付属の寄宿舎の食事を連想させるということに。その寄宿舎では、トマト味のスープが週に数回出されたのですが、私には、洗剤の味がして吐き気がするほど嫌いなものでした。それでも修道女たちは無理やり食べさせようとするので、私はいつも泣いていました。

私は、この修道女たちを許し、受け入れる儀式を行ないました。もちろん、その後、何の問題もなく、トマト味のスープが食べられるようになったことは、言うまでもありません。

　このように、あらゆる食物拒否反応は、子ども時代に目覚めた傷と関係しています。他人に影響を受けやすい神経過敏な人に、この症状を持つ人が多く、彼らはまわりに対して寛容でいることがなかなかできません。

　誰かに対して拒絶反応を起こしてしまうのは、その人の存在を必要としているのに、受け入れることができないからです。時として、その人を人前で非難してしまうことさえあるでしょう。

　幼年期から食物拒否反応を持っている人にお勧めしたいのが、昔の自分を思い返し、自己分析をしてみることです。一歳くらいで誰かに拒否反応を起こすなんてありえない、とあなたは言うかもしれません。でも、私たちの〈傷〉は、生まれた時から、無意識のうちに、まわりの人たちによって呼び覚まされ、ネガティブな感情を引き起こすのです。からだが拒否するのはその味が嫌いだから、とするのはあまりに短絡的すぎます。あらゆる身体的反応は、心理的反応の表われである、ということを忘れないでください。

　一口食べて噛んでみると、その食べものが自分に合っているかどうかが分かります。その結果、好きでなかったら、自分を大切にして食べないようにしたほうがいいでしょう。傷《いた》んだ食べものを食べて、からだが腹痛などの反応を起こした場合は、一口目から、この食べものを食べるべきではないと、からだが伝えていたはずです。このように、からだからの信号を無視して全部食べてしまう人は、人生でも同じ行動パターンをとっているはずです。自分のためにならない考えや人たちに、影響されるままになっているのです。

もう空腹を恐れない

多くの人が、空腹にならないようにと一日に三回食事をし、外出時は何かしら食べものを持ち歩いています。あなたはどうですか？　おなかがすくと気力が弱ってくるとよく言われますが、実は、空腹そのものより、空腹を恐れることの方が問題なのです。次の食事までエネルギーの蓄えがもたない、などということはほとんどないのに、恐れが強すぎて、エネルギーが足りないと感じてしまうのです。

拒食症などの特別なケースや、基本の栄養が足りない場合を除いて、空腹によってからだが弱ることはまずありません。空腹に対する恐れから解放されて、こだわりを手放しましょう。

先ほどお話ししましたように、一日に三回以上食べる日もあれば、一～二回だけの日があってもいいのです。どんな食べ方をするかはあなたの自由であって、まわりに合わせる必要はまったくありません。ただし、その結果も自分で引き受けるようにしましょう。

何回食べてもいいのですから、一度にたくさん食べておかなければ、と思う必要はありません。あとでおなかがすいたら、その時に何か食べればいいのです。

何かを持ち歩く場合でも、キャンディやお菓子などは、からだにいいとは言えません。アーモンドのような、もっとよいエネルギー源を持ち歩きましょう。

そのうち、おなかがすくことに対してそれほど神経質にならなくなり、何かしら食べるものが手元になくても、平気でいられるようになります。

それでも、からだをエネルギー不足で不安にさせてはいけません。もし、からだが飢餓状態のモードになる可能性が出てきたら、何かしら食べるようにしましょう。

新しい食べものにチャレンジする意味

たいていの人々は、ある一定の食べものに慣れると、新しい食べものに挑戦しなくなります。もし、あなたもそうであれば、人生の他の面でも新しい経験を避ける傾向にあるはずです。

週に一つ、何か新しい食べものに挑戦してみましょう。そうすると、あなたの人生にも素晴らしい影響が出てくるはずです。新しい経験に進んで挑戦し、世界観を広げましょう。まずは食べものからです。新しい食べものを味わう喜びを感じるだけでなく、あなたの味覚を発達させることもできます。

新しい食べものを口にするのを、すごくいやがる人たちがいます。そういった人たちは、子どもの頃、食べてみなさいと勧められた食べものが、おいしくなかったり、質がよくなかったりしたため、疑い深くなっているのです。でも、考えてもみてください。あなたは、もう大人で、食べるものを何でも自分で選べるのですよ。

未知の食べものに挑戦し続けていると、最初の一口目を空腹時によく噛むだけで、それが自分のからだに合っているかどうか、すぐ判断できるようになるでしょう。もし、確信がもてなかったら、またあとで食べてみればいいのです。

なるべく自然なものを食べましょう

今日、私たちの食生活は化学添加物に侵され、自然な食品を食べることが難しくなっています。また汚染された空気からも、呼吸によって化学物質を吸収しています。

この傾向は第二次世界大戦後の先進国において加速してきました。子どもの頃に自然食を食べていた人でも、思春期になると、まわりに流されてジャンクフードを食べるようになります。

農業は、大量の農薬の使用で変わり果てました。畜産でも、人工飼料に含まれる化学物質は、家畜を通して私たちのからだに入ってきます。たとえば、家畜は、脂肪酸オメガ6を多く含み、脂肪酸オメガ3がほとんど含まれない餌を与えられますが、私たちのからだが必要としているのは、自分で作り出せない脂肪酸オメガ3なのです。〈幸福な家畜〉と呼ばれている、放牧されて自然の草で育った家畜の肉には、オメガ6とオメガ3が同じ比率で含まれています。

こうした、自然飼育の家畜の肉やミルク、卵を食べると、からだのバランスを取ることができます。しかし、近代的な施設で人工的に飼育された家畜の肉は、私たちのからだに悪影響を与えます。私たちは、こういった肉を食べることにより、自分のからだのシステムを弱らせる物質をどんどん取り入れているのです。

科学調査の結果、この脂肪酸オメガ6は、肉だけでなく油にも含まれていて、先進国が抱える深刻な問題、肥満の原因になっていることが分かってきました。

以上が、できるだけ自然食品を選んだほうがいい理由です。このテーマに関しては、素晴らしい本がたくさん出ていますし、自然食品を販売しているお店も各地にあります。

ただし、このようなお話をしたからといって、あなたに対して、菜食主義者になるようにお勧めしているわけではありません。〈自然な〉というのは〈菜食主義〉という意味ではありません。からだが、肉、ミルク、卵を必要としているなら、自然農法のものを選ぶと本当に大きな違いがありますよ、ということを知っていただきたいだけなのです。

とにかく自分で経験してみてください。自然の中で育てられた家畜の肉と、身動きでない檻《おり》の中で恐怖と怒りに満ちて飼育された家畜の肉を、食べ比べてみていただきたいのです。どれほど大きな違いがあるか、実感できるはずです。あなたの生きる姿勢に変化が起こるかもしれません。

自然食を食べることとは、自分を愛する行動です。からだがバランスの取れたものをとり入れることによって、感情、精神レベルでもバランスのとれた状態になっていきます。そして、前向きに、ありのままに、自由に生きることができるようになるでしょう。

今日の社会では、いくら自然な環境で暮らしたいと思っても、化学物質から完全に身を守ることはできません。だからこそ、できるだけ意識的に、自然のものをとり入れるようにしましょう。人工的な食べものは、それを口に入れるたびに、私たちのからだのシステムを弱めます。食べもの の分野以外でも、同様なことが言えるでしょう。

からだを浄化するために運動する

からだを浄化するために、一番お勧めしたいのが運動です。自然食しか口にしないと決心したとしても、あなたのからだには、これまでの食生活のために、たくさんの毒が蓄積されているはずです。

心理的ストレスは毒素をため込む手助けをします。そして、あらゆるストレスは〈恐れ〉と関係しています。私たちが〈恐れ〉を感じたとたん、これに備えて副腎がアドレナリンを放出し、からだの組織からエネルギーを引き出そうとします。心拍数は上がり、呼吸が速まり、血圧が上がるなどの変化が見られます。

しかし、〈恐れ〉は架空のものであり、命に危険はないので、エネルギーは私たちを守るために使われないまま、からだの中にとどまり、からだのシステムに悪影響を与えるのです。

からだをこのストレスから解放するための最も有効な方法が、定期的な運動だと言えます。少なくとも、週四回から五回は運動することをお勧めしましょう。もっとも、からだを動かすことは人間の原始的な欲求ですね。

運動することでからだを浄化すれば、〈解放されたい〉というからだの声が、もっとよく聞けるようになるでしょう。一日じゅう仕事で机に向かい、夜はテレビばかり見ているなんて、自然からはかけ離れていると思いませんか？　からだは叫んでいますよ。**「助けて！」**と

運動のために早起きしたり、仕事で疲れているのにウォーキングに出かけたりするのは大変です。でも、思い切って行動に移しさえすれば、自分の行動力に満足し、からだがとても喜んでいるのが感じられるでしょう。

もし、なかなか自分を律することができず、初心を忘れそうになったとしても、自分をだめな

人間だと思わないでください。しっかりと習慣化し、生活の一部となるまで、自分に時間を与えてあげましょう。最初から多くを自分に課す人は、途中で挫折しがちです。まず最初の月は、たとえば運動の回数を週に二日だけにしましょう。そして、一カ月ごとに、週の運動日を一日ずつ増やしていくのです。そのほうが、ゆっくりですが実行しやすいでしょう。

いろいろな運動に挑戦してみて、自分に合ったものを選んでください。ヨガ、ジムでの運動など、いろいろありますね。ジムに行けば、動きや道具をいろいろ変えることで、筋肉のさまざまな部分を鍛えることができます。

中でも一番お勧めしたいのは、ウォーキングです。からだ全体の筋肉を動かし、内臓に対してもマッサージ効果があります。効果を上げるためには、かなり速く、両手をしっかり振って歩きましょう。歩きながら、呼吸を意識してください。

私たちが吸う空気の中には、〈プラナ〉と呼ばれる、目に見えないスピリチュアルなエネルギーが存在しています。プラナは私たちの〈物質体〉、〈感情体〉、〈精神体〉が必要とする自然の栄養素です。また、プラナはカロリーゼロですが、空腹感を減らす効果もあります。

運動をすると、脳からエンドルフィンと呼ばれるホルモンが放出されます。エンドルフィンはモルヒネのような効果をもたらし、私たちをストレスや〈恐れ〉から解放し、リラックスさせ、生き生きとエネルギッシュにしてくれるでしょう。

運動のもう一つの利点は、からだと仲良くなれることです。運動することによって、私たちはからだに注意を向けるようになり、そのために、からだはあなたに協力的になってくれるのです。いつ空腹なのか、また空腹なときに何が必要なのか、といったことを、はっきり教えてくれるようになるでしょう。

もし、何らかの事情で運動ができず、ストレスで参りそうな日には、次の方法をお勧めします。どこか一人きりになれる場所で、好きなだけ叫んだり、クッションをたたいたりするのです。それを一〇分くらい続けたら、力強く言ってください。「もう、充分！」と。自分を見つめなおし、ストレスの原因になっていた〈恐れ〉を見きわめましょう。このように、いろいろなやり方で、人生の無意味な重荷から解放されることが大切です。

呼吸でストレスを解放する

ゆったりとした深呼吸は、私たちをストレスから解放してくれます。あなたはこの本を読んでいるあいだ、自分が呼吸していることを意識していましたか？　私たちは一日じゅう、無意識のうちに、空気を肺に出し入れする動きを繰り返しています。でも、忙しい生活の中で、この命に関わる大切な営みを忘れてしまっているのです。

呼吸は確かに自動的に行なわれますが、私たちが意識的に統御することもできるのです。時間があるときは、できるだけ、呼吸に意識を向けましょう。

〈呼吸に意識を向ける〉といっても、息を吸い込むのに時間をかける必要はありません。息の吸いすぎは、酸素過多を引き起こします。

深い呼吸は、リラックスする時に役立ちます。〈呼吸に意識を向ける〉とは、肺に空気が入るのを感じるということです。何も特別な力をかけることなく、空気の動きを追い、胸が開くのを感じることで、正しく息を吸ったことが分かります。そして息を吐くとき胸が収縮します。

正しい呼吸には、さまざまな効果があります。心を静かに落ち着かせ、からだを感じ、その声に耳をすますことができるようになります。呼吸をおろそかにしていては、自分を見つめることができません。呼吸を意識する練習をしましょう。

車の運転中や銀行での待ち時間、スーパーでレジの列に並ぶ時など、時間はいくらでも作り出せます。少しずつ、自分の呼吸を統御できるようになりましょう。

また、食事の時、一口食べるたびに一呼吸すると、充分食べて、もう食べ終わるべきだということを感じやすくなります。食事の日記をつけるとき、一日に何回呼吸を意識したかも書き加えましょう。

光のイメージ法

何かを食べたら、その食べものが、からだの中で光に包まれている様子を思い描きましょう。そうすることで、その食べものは私たちのからだの中で、より多くの栄養効果をもたらしてくれます。最初は、私が言っていることを信じなくてもかまいません。私もこのイメージ法を練習し始めた時、その意味がよく分かっていませんでした。でも「何も失うものはないんだから」と自分に言い聞かせて始めてみたのです。

このように、新しい経験は、それが危険なものでないと確信できたら、進んで挑戦してみることをお勧めします。素晴らしいことを発見できるかもしれません。

私はいつも、年齢よりずっと若く見られますが、この若さは、これまで新しいことにためらわず挑戦し続け、いろいろなよい習慣を身につけてきたからだと思います。

私は、食べものを光で包み込むイメージ法を、特にレストランなどで、自分で食材を選べず、自然食品でないものを食べなければならないときに使います。イメージの中でお料理を光で包み、自分のからだに言うのです。「いいものだけを吸収して、悪いものは排出してね」と。同時に、この料理ができるまで——つまり、種まきから調理まで——に関わってくださった人たちに感謝します。感謝は、する方にも、される方にも、前向きなエネルギーをもたらすものです。

食べるたびにそんなことをしていられないわ、と思っている方がいたら、その気持ちはよく理解できます。習慣化するには時間がかかるものなのです。でも、良き習慣は、あなたに必ず素晴らしい結果をもたらしてくれるでしょう。

自分を愛することに関する次の法則を忘れないようにしてください。つまり、**あなたが自分を愛すれば愛するほど、あなたは他の人たちからも愛されるようになる、ということです。**

いい習慣は一つずつ、確実に身につけていきましょう。車の運転の習得のようなものです。最初は頭で考えながらからだを動かしますが、そのうち、何も考えなくても手足が動いてくれるようになりますね。私が提案している習慣もそうです。食事のたびごとに、ほんの数秒で、反射的にイメージ法ができるようになるでしょう。いつでも思い出せるように、あなた自身の合言葉を決めておくといいかもしれません。たとえば、〈愛〉、〈光〉という言葉を台所に貼っておくのも一案です。どんな方法でもいいですから、自分のやりやすい方法を考えて実行しましょう。

自分にとって何が〈いいもの〉なのか

突然、ある食べものを食べたくなって、しかもその食べものがあなたの考えでは〈からだによくないもの〉である場合、どうすればいいのでしょうか？　本当にからだに必要なものかどうかを判断するには、まず、しばらく他のことをやって、食べるタイミングを遅らせてみましょう。

そのあいだに、その食べもののことを忘れてしまったとしたら、それはからだが必要としているものではなかった、ということになります。反対に、しばらくたった後でも、まだ食べたいと思ったなら、それは本当にからだが必要としている食べものです。その場合は、そんな自分を受け入れ、少し食べて楽しみましょう。

なお、この方法は、〈よくない食べもの〉に関してだけです。健康にいい食べものは、本当に空腹の時、なるべく早く食べたほうがいいことは前にも説明した通りです。

もし、からだがその食べものを必要としていなくても、感情面や精神面で必要としている場合もあります。その時点で、それが自分をなぐさめることができるただ一つの方法なので、それを食べれば、すぐに満足できるはずです。もし、我慢してしまうと、そのうちコントロールを失ってしまうでしょう。

あなたは、仕事や生活などのさまざまな場面で、欲しいものはすぐ手に入れなければ気がすまないタイプですか？　もしそうだとしたら、何かを食べたいと思ったら、すぐに食べてしまうはずです。でも、そうしたやり方は、自分への愛が足りないことを示している、ということに気づいていますか？

その食べものがよいかどうかを知るには、どのようにしたらいいのでしょうか？　実際に自分で食べて、からだで感じてみましょう。まわりの人たちの言うことは気にしないでください。あなたにとって何がいい食べものか、ということは、あなたにしか分からないのです。他の人には分かりません。ある人にとっていいものでも別の人にとってはそうではない、ということはよくあるでしょう？

目の前にあるものが自分にとっていいものかどうかを判断するための、いい方法をお教えしましょう。最初の一口目をよく噛んでみるのです。食べものが液状になるまで噛んでいるうちに、もっと食べたいと感じたら、それはよい食べものです。反対に、変な酸味を感じたり、いやな味になったりしたら、それはからだが必要としていない食べものです。そうすれば、その後で、なぜ食べたいと思ったか、その奥に隠れている感情レベル、精神レベルの問題を考えることができます。

私の個人的な経験を一例としてあげてみましょう。その日の午後、私は自宅で集中して原稿を書き、その後で電話を何本かかけました。すると、急に、ポテトチップスが食べたくなったのです。でも、一口食べたら、いやな味がしました。なぜ、食べたくなったのでしょう？

すぐにひらめきました。電話でイライラしなければならなかったからです。その電話では、自動音声ガイドに従って何度も選択肢を選ばなければならず、最後にかなり長く待たされ、そのあいだじゅう同じ宣伝文句を聞かされたあげく、どういうわけかまた最初の選択肢に戻って……。

とにかく忍耐の限界に来て、受話器をガチャンと切ったのです。そして、「もう、うんざり！」と思いながら、台所へ行きました。

この時どうしてもポテトチップスが食べたくなったのは、からだが必要としていたからではなく、怒りを静めて平静になるためだったのです。その時、この電話サービスのトップの人たちに噛み付きたい気持ちを、ポテトチップスに噛みつくことで、何とかなだめたのです。

でも、電話サービスのやり方はその会社の方針で、トップの人たちには何の責任もないことが分かっていました。彼らは丁寧で、辛抱強く対応してくれますが、そういう人たちに怒鳴りつけたら、自分が罪悪感を感じるのは分かっていました。それで、怒りを、ポテトチップスをかじることで収めようとしたのです。

私は、このように、時々ポテトチップスを食べることで、怒りを収めていいことにしています。思い出してください。〈からだの声を聞く〉と言うことは、必ずしも〈からだが必要としているものだけを与える〉ということではありません。〈からだの声を聞く〉と〈からだの必要《ニーズ》を聞く〉とは、同じではありません。**〈からだの声を聞く〉とは、肉体を使って——つまり、この場合には、自分の食べ方を通じて——その奥にある内面で何が起こっているかを理解することです。一方、〈からだの必要《ニーズ》を聞く〉とは、〈物質体〉、〈感情体〉、〈精神体〉が必要としているものを知ることなのです。**

怒り、いらだち、悲しみ、憂鬱などの感情を収めるために何かを食べた時、そのことによってどれだけ罪悪感を感じるかどうかで、その感情を受け入れているかどうかが分かります。

一例として、職場の同僚に対して怒っている一人の女性についてお話ししましょう。彼女は、帰宅するやいなや、アイスクリームを冷蔵庫から取り出して、やけ食いを始めます。

もし、彼女が、からだが必要としているからではなく、鬱憤《うっぷん》をはらすために食べていることを自覚しているのであれば、その気がすんだところで、アイスクリームが全部なくなる前に、やめることができるでしょう。ほんの少しのあいだ自分を甘やかしてあげようと、はっきり自覚しているからです。

さらに、からだに対して次のように言ったとすれば、このアイスクリームは、からだに対して何の害も及ぼしません。「あなたがアイスクリームをぜんぜん必要としていないことは、ちゃんと分かっているの。だから、申しわけないけど、私に対して寛大になって、できるだけ早く、このアイスクリームの成分を排出してちょうだいね。感謝します」

このように、前もって、からだが余計な仕事をしてくれることに対して感謝の気持ちを述べることは、あなたが罪悪感でなく、自分への愛を持っていることを示しています。

注意しなければならないのは、本当に自分を受け入れているかどうかということです。ただそう思い込んでいるだけかもしれませんので、充分に気をつけてください。

たいていの人は、本当に自分を受け入れるためには、いくつかの段階を踏んでいかなければなりせん。

◆第一段階：感情をなだめるために食べることなど、とうてい許しがたく、自己コントロールして食べないようにする。

◆第二段階：感情をなだめるために食べ、そして罪悪感をいだく。

◆第三段階：罪悪感を否定し、自分を受け入れていると思い込もうとする。

◆最終段階：感情をなだめるために食べることを許せるようになる。

この最後の段階の後で、はじめて状況を〈統御〉することができます。〈コントロール〉するのではなく、自分の意志に基づいて行動し、しかもその結果の責任を引き受けるということです。

本当に自分を受け入れているかどうかを判断する方法として、自分に対するまわりの人たちの態度を観察するのもいいでしょう。もし彼らが、あなたを責め、裁いているのであれば、あなたは自分を受け入れておらず、まだ罪悪感をいだいているのです。まわりの人はあなたの鏡である、という《鏡の法則》を忘れないようにしましょう。

自分を受け入れることができない人の中には、過食症や食欲過多、また拒食症になる人がいます。今日、先進国でこうした病気が急増しているのですが、これらの深刻な病気は心理的にどう解釈したらよいのでしょうか？

過食症からのメッセージ

過食症の人は、周期的に急激な空腹感に襲われ、そのたびに、掛け金が外れたように食べ続けます。そして、嘔吐、下痢、過激な運動などで、なんとか体重を維持しようとするのです。過食症の男女比は、女性九人に対して男性一人だと言われています。

この本の始めの方でお話ししたように、私たちの食事の仕方は、母親または母親の役割を果たす人との関係から大きな影響を受けます。

もし、あなたが過食症なら、あなたの中に深くお母さんを求める部分があり、食べることでそれを埋めようとしている可能性があります。そして、一方で、嘔吐することでお母さんを拒絶しているのです。

過食症は、こうした内面の激しい矛盾の表われなのです。母親を受け入れたい〈心《ハート》〉と、拒絶する〈エゴ〉が葛藤し合い、エゴが優勢になります。それを引き起こすのは、あなたとあなたのお母さんに共通する〈見捨てによる傷〉と〈拒絶による傷〉です。

もしあなたが女性なら、人生で出会う女性たちや、あなた自身とも、同じ関係にあるはずです。つまり、受け入れたいと思いつつ、拒絶してしまうという、終わりのない葛藤です。母親を受け入れたいと思いながら、どのようにしたらいいのか分からないので不安になり、ついつい〈拒絶〉してしまうというわけです。そして、〈拒絶〉したことで落ち込んでしまうのです。まさしく悪循環だと言えるでしょう。

母親を受け入れることができない理由が何であっても、この症状はからだからの緊急なメッセージです。からだは伝えています。「今こそ、ありのままのお母さんを受け入れて、和解する時ですよ」と。

この病気はコントロールを失うことで起こるのですが、あなたとお母さんのあいだで行なわれるコントロールを反映しています。あなたは、お母さんをコントロールしたいと思いながら、同時に消し去りたいと思っているのです。

この病気を患っているあいだ、母親、または母親を思い出させる女性たちは、あなたを苦しめ続けるでしょう。あなたは彼女たちとの関係にフラストレーションを感じ、ついつい暴食をしてしまうのですが、それが次第に反射的になっていき、気づいたときはもう、かなりの重症です。自分を責めるかわりに、自分に言い聞かせましょう。「今はこの病気の犠牲者だけど、少しずつ自分を取り戻し、自分自身の主人公になれるわ。すぐに解決はできないけれど」

お母さんと和解しようと決心すると、やがて症状も軽くなっていくはずです。そのように決心し、そして実行することは、とても大切だと言えるでしょう。

お母さんと和解するというのは、お母さんの立場に立ってみるということです。あなたのお母さん自身も、自分の母親との関係で、あなたと同じくらい苦しんだはずなのです。お母さんに、あなたの気持ちを話してみましょう。拒絶の態度を取り合っていたことを許し合うのです。

誰かを拒絶するのは、必ずしも悪意からではありません。ただ、自分でも苦しみ、どうしたらいいか分からないだけなのです。拒絶することをすごく恐れるからこそ、ついつい拒絶してしまうのです。〈許し〉については次の章で詳しくお話ししましょう。

食欲過多からのメッセージ

食欲過多は過食症に似ていますが、嘔吐や下痢などの症状は見られません。常に何か口にしていないと落ち着かない、食べる量が異常に多い、というのが主な特徴です。そのため、異様に太っていて、この点では、体重増加に神経質な過食症や拒食症とは、はっきり異なります。

もしあなたも食欲過多でしたら、あなたが飲み込んでしまいたいのは、あなたのお母さんそのものだと言っていいでしょう。だから、いくら食べても満足感は得られないのです。あなたはお母さんに深く依存している反面、お母さんから与えられるものが、あなたが本当に必要としているものではないため、大きな不満を感じています。

あなたの中に、お母さんといつも一緒にいたいという部分と、お母さんに依存したくないという部分が混在しているのですが、普段、あなたの中では、この葛藤は意識の奥に抑圧されています。というのも、お母さんとの関係で苦しんだことを思い出したくないからです。

からだに食べものを詰め込むことで、お母さんとの関係から気をまぎらわしたいのでしょうか？　それとも、暴食して自分をいじめるのは、お母さんを非難する自分への罪悪感からでしょうか？　いずれにせよ、あなたの今の症状は、お母さんとの関係を意識する必要がある、ということを訴えています。

一つの例として、肥満に苦しむある男性についてお話ししましょう。私が彼の家に行ったときのことです。少し離れたところからそれとなく見ていると、この男性は数分の間隔で何かものを食べているのです。

三〇分後、彼が「とてもおなかがすいた」と言いながらテーブルに着いた時、私は、彼がウソを言っているのだと思いました。ところが彼は、いつものように大量の料理をぺろりとたいらげてしまったのです。先ほど台所で誰にも見られていないと思いながら食べていたことなど、すっかり忘れている様子でした。

私は、彼の異常な食欲の原因を知りたくなり、母親との関係について、いくつか質問をしてみました。すると、彼は次のように答えてくれたのです。「母親の存在をずっと恥じていて、自分と彼女のあいだに何の共通点も見出せず、ある日、二人の関係を完璧に断とうと決心したのです。母親が亡くなった時も何の感情も湧いて来ず、涙も出ませんでした」

残された家族によると、生前、母親は、「きょうだいの中で、あの子が一番お気に入りなので、会えないことがとてもつらい」と言っていたそうです。しかし、彼自身は、母親のその言葉が理解できなかったということです。

この告白から、どれだけこの男性が母親を拒絶して、殻に閉じこもっていたかが理解できました。彼は、自分が本当は母親を必要としていることを感じまいとして、また、母親との関係を断ってしまったことへの罪悪感から、強力に自分をコントロールし続けたため、ついには食べものの面でコントロールを失ってしまったのでした。

もし、あなたが食欲過多で苦しんでいるのであれば、過食症の場合と同様に、お母さんと和解する必要があるでしょう。

拒食症からのメッセージ

医学的に見て、拒食症には二つの要因があります。食欲が感じられなくなる生理的拒食症と、精神疾患である心理的拒食症です。心理的拒食症は、意図的かつ無理な食事制限（ダイエット）と深く関係しています。生理的拒食症が食欲の喪失であるのに対して、心理的拒食症は食欲との闘いだと言えるでしょう。

もし、あなたが心理的拒食症だとすれば、あなたは、お母さんを完全に拒絶している可能性があります。拒食症にかかる人の男女比は一対九です。

もしあなたが男性なら、あなたにとって、お母さんが最初の女性原理のモデルです。あなたは、お母さんを拒絶することで、あなたの中の女性原理も捨て去り、他の女性たちをも無意識のうちに拒絶するようになってしまったのです。

もしあなたが女性でしたら、あなたはお母さんと自分の中の女性原理、つまり女性らしさを拒絶しています。あなたに子どもがいる場合、あなたは、お母さんのような母親にならないために、何が何でも完璧な母親をめざしますが、どうしても自分に満足できません。しょっちゅう、女性として、また母親としての自信を失いがちです。

ガリガリに痩せて肉体的な女性らしさの魅力に欠けるからだつきは、大人の女性になるのを拒絶したい人にはとても都合がいいのです。拒食症の患者の多くが思春期の少女なのは、このような理由によります。

生理的拒食症は、ほとんどの場合、何らかのショックや病気が原因で、一時的な現象として起こっているものです。それに比べ、心理的拒食症はずっと深刻で、時には死につながることさえあります。

拒食症の人は、自分に対して完璧であることを要求し、実現不可能なことを望んでいます。自分自身を拒絶するのは、今の自分に罪悪感を持っているからです。ありのままの自分がどれほど素晴らしい人間であるかに気づき、これまで背を向けていた、食べることやセックスなどの肉体的な悦びを素直に味わうようにしましょう。

もしあなたが、肉体的な悦びを完全に切り捨てることで罪悪感を贖《あがな》おうと思っているのであれば、あなたの思い込みは間違っていると言わざるをえません。自分を罰しようとすればするほど、罪悪感は大きくなります。

自分を責めてばかりいるかわりに、本当にやりたいことをやってみてはいかがでしょうか。いずれにせよ、あなたの行動の結果を引き受けるのはあなた自身なのです。

人生に失敗などありません。あるのは経験だけで、どんな経験からも、私たちは素晴らしい知

恵を学びとることができます。

あなたは、自分がどんなふうでありたいのか、何をしたいのかを、自らの意志で選ぶことができます。他人のことは気にしなくていいのです。人生を思いっきり楽しみましょう。自分の決断の責任を引き受けることで、あなたは、自分とって何が大切なのかを学ぶことができます。

このように、自分を変えようとすることはとても大切です。その経験から、何が自分にとってよいことなのかを学べるからです。でも、忘れないでください。自分を変えるにしても、「それはよくないことだ」というエゴの声に従って、自分への罪悪感から変えるべきではありません。ありのままの自分を受け入れるよう励ましてくれる、心の声を聞きましょう。自分を受け入れることができると、あなたと同じように〈拒絶の傷〉に苦しむお母さんのことも、同様に受け入れることができるようになります。

強迫神経症からのメッセージ

これまでお話ししてきた過食症、食欲過多、拒食症は、強迫観念に深く関係していますが、強迫観念が原因で起こる摂食障害は他にもあります。

たとえば、数日も前からしっかり献立を考え、自分が「よくない」と思う食材は絶対に食べない。また、健康のため、いくつもの好物を我慢して食べない。あるいは、完璧な、健康的な食事をするために、家族や仲間と一緒に食べない。このような人たちは強迫観念に支配されていると言えるでしょう。

一般に、このような行動をとるのは、より大きな不安を和《やわ》らげるためです。食事のコントロールをすることによって、不安の深淵を埋めようとするのです。不安でしかたない時、その不安を減らすただ一つの手段であるかのように、食事のコントロールを使うのです。

しかし、不安を減らすための方法は、また別の不安を生みます。つまり、強迫行為を抑えることができないことによって、無力感や不安を感じるようになるのです。こうして悪循環におちいります。

摂食障害を持つ人の多くは、子ども時代に性的虐待を受けたことがあると言われています。これは精神医学で言われていることですが、私はこれまで、実際に何度もそういった例に出合ってきました。

性的虐待とは、必ずしも直接的な行為だけではありません。小さい子どもや思春期の子どもたちは、親を含めた大人たちが投げかける、それらしい視線や言葉だけでも、からだが虐待されたように感じるものなのです。

また、虐待への恐れは、虐待行為そのものと同じくらいのダメージを与えます。たとえば、父親が姉と近親相姦しているところを見てしまった女の子は、強烈なショックを受け、父親に触れられなくても、心に大きな傷を負ってしまうでしょう。

性欲と食欲は関係があると言われています。たとえば、一人の女の子が、性的虐待ともいえるような行為を受けていたとします。この女の子にとっては、それが唯一受けられる愛情表現らしきものだったため、なんとか我慢します。

しかしその反動で、自分自身を汚らしい豚や娼婦みたいだと思うようになるかもしれません。そこで、自分に芽生える性欲を押さえ込えこもうと決心します。その結果、その反動で食べもののコントロールができなくなる可能性があるでしょう。

ブクブクに太っていると、ガリガリに痩せているのと同様、性的対象と見られないですむので、虐待される可能性もなくなると考えるわけです。

私はこれまでの二七年間の活動の中で、強迫神経症の問題を抱えるたくさんの人たちの話を聞いてきました。彼らは罪悪感と同じくらい、劣等感をいだいて自分を責めていました。内向的な性格のため、無意識のうちに劣等感や罪悪感を抱え込んでしまい、事態をより深刻にしてしまいます。そして、強い恨みを持つようになり、それは親に向けられます。つらい経験を抑圧し、否定すると、憎しみが増大するのです。

なぜ、こうした恨みは強迫観念を生むのでしょう？　このような人は、自分の中の恨みを認めるのを拒否し、否定しています。そうすると、恨みは形を変えて、〈感情体〉、〈精神体〉の中に増殖していくのです。それをないものと思い込もうとして、よりいっそうの精神的エネルギーを使います。その結果、強迫観念を持つようになってしまうのです。ゆえに、恨み、憎しみが深ければ深いほど、深刻な強迫観念にとらわれることになるでしょう。

このような問題を解決するためには、相手、そして自分自身に対して、〈許し〉のプロセスを行なわなければなりません。私はこれまで〈許し〉によって、多くの人が奇跡的な変化をとげる現場に立ち会ってきました。この経験は、「〈許し〉こそが、肉体、感情、精神、すべての問題の解決の鍵である」という信念を確固たるものにしてくれたのです。

第七章　もっと自分を愛してあげるために

〈真実の愛〉は、私がこれまで、本やセミナー、講演などのさまざまな活動を通して、いちばんお伝えしたかったテーマです。私たちは、〈愛すること〉について深く考え、意識を新たにしなければなりません。

私は、二一七年にわたって教え続けてきた今でも、このテーマについてお話ができることを、とっても幸せに思います。なぜなら、そうすることで、愛がどれだけ私たちにとって大切なものであるかを再確認できるからです。

自分を受け入れて愛する、ということは、自分の心のあり方や振る舞いを裁かないということです。この本の始めの方で確認したように、私たちは、自分の中に目覚めてくる〈傷〉の種類によって、さまざまな性格、態度をとってしまいますし、食事の仕方でもその影響を受けます。

〈自分を受け入れる〉とは、この〈傷〉のせいで、現在の自分が、なりたい自分になかなかなれないことを認め、見守ってあげるということです。この〈自分を受け入れる〉ということができるように、次の文を書いて、台所などに貼ってみてはいかがでしょうか。

理想の自分になるためには、まず、今の自分をありのままに受け入れよう。今のいやな自分を受け入れなければ、決してなりたい自分にはなれないのだから。

前著『ラブ・ラブ・ラブ――〈受け入れる〉ことですべてが変わる』は、このテーマだけにしぼって書きました。自分を受け入れることは、それほど簡単なことではありません。私たちのエゴが邪魔をするからです。**エゴは、自らの存在を正当化するために過去を引きずり（持ち越し苦労）、生き残るために、私たちに未来のことを心配させます（取り越し苦労）**。

そのため、私たちはエゴに支配されていると、今この時を生きることができません。そして、エゴがあれこれと指図するため、自分が本当に必要としているものを感じられなくなるのです。

何かいやな気分になったり、感情的になったり、不満を覚えたりしたら、それはあなたの中の〈傷〉が、何らかの理由で呼び覚まされたしるしです。そして、エゴがあなたを支配し、あなたはもう、ありのままの自分ではいられなくなっているのです。

この章では、〈傷〉の種類ごとに、どのようにしたら自分を受け入れ、傷を癒し、自分の人生の主人公になれるかを考えていきましょう。食事を通して傷を治し、からだだけではなく、感情、精神も高めていけるなんて、とても素敵なことだとは思いませんか？

自分をありのままに受け入れる

まず、始めに、あなた自身の毎日の記録と、本書の最後に載っている〈まとめ――「食事の日記」エクササイズのおさらい〉を突き合わせてみましょう。

その日に食べたもの、飲んだものをすべて書き込んだら、自分のからだの声を聞かずに食べた時のことを、静かに思い返してみます。そして、第二章を参考にして、あなたの中のどの傷が刺激されたかを考えるのです。この内省を毎日行なうだけでも、傷が刺激されそうな状況にうまく対応できるようになれるでしょう。

反対に、記録を取りっぱなしで毎日の見直しを怠っていると、何日も同じような食べ方を繰り返してしまうはずです。そのことに気づいたら、どの傷が刺激され、コントロールが働いたか、第一章を参考にしながら、つきとめてください。傷ついたり、誰かを傷つけたり、傷つくのを恐れて自分自身でなくなっていた時を、意識できるようになるでしょう。

この意識化は、自分の中の治したい部分に気づかせてくれると同時に、なりたい自分を明確にしてくれます。ここで、しっかり心に留めておいてください。このエクササイズの目的は、あなたを責めることではありません。そして、あなた自身が、なりたい自分にまだなっていない今の自分をありのままに受け入れなければ、充分な効果は期待できません。

たとえばある日、あなたは一日じゅう、ほとんど何も口にしませんでした。ものを食べることにさえ思い至らなかったのです。ところがその夜、いったんクッキーを口にすると止まらなくなり、自分でもどれだけ食べたか分からないくらい食べてしまいます。その後、この行為がどんなコントロールと傷によるものだったかを調べると、〈拒絶による傷〉と〈不正による傷〉だったと分かりました。

あなたは、その日のことをじっくり思い返してみます。そして、その日の大部分の時間、自分を拒絶していたことに気づくのです。「仕事が遅いといって上司に非難されるかもしれない。私の能力では無理かも。いくらやり直しても、ちゃんとできない……」などと考え、自分の能力を認めていませんでした。

ここで大切なのは、時間をかけて、いつ〈拒絶による傷〉が目覚めたかをきちんと見きわめることです。いつ自分自身を拒絶したのか？　いつ他の人を拒絶したことで、いやな気持ちになったのか？　いつ他の人から拒絶されることに恐れを感じたのか？

この三方向の恐れは連動していて、図の三角形で表わすことができます。

《愛の三角形》

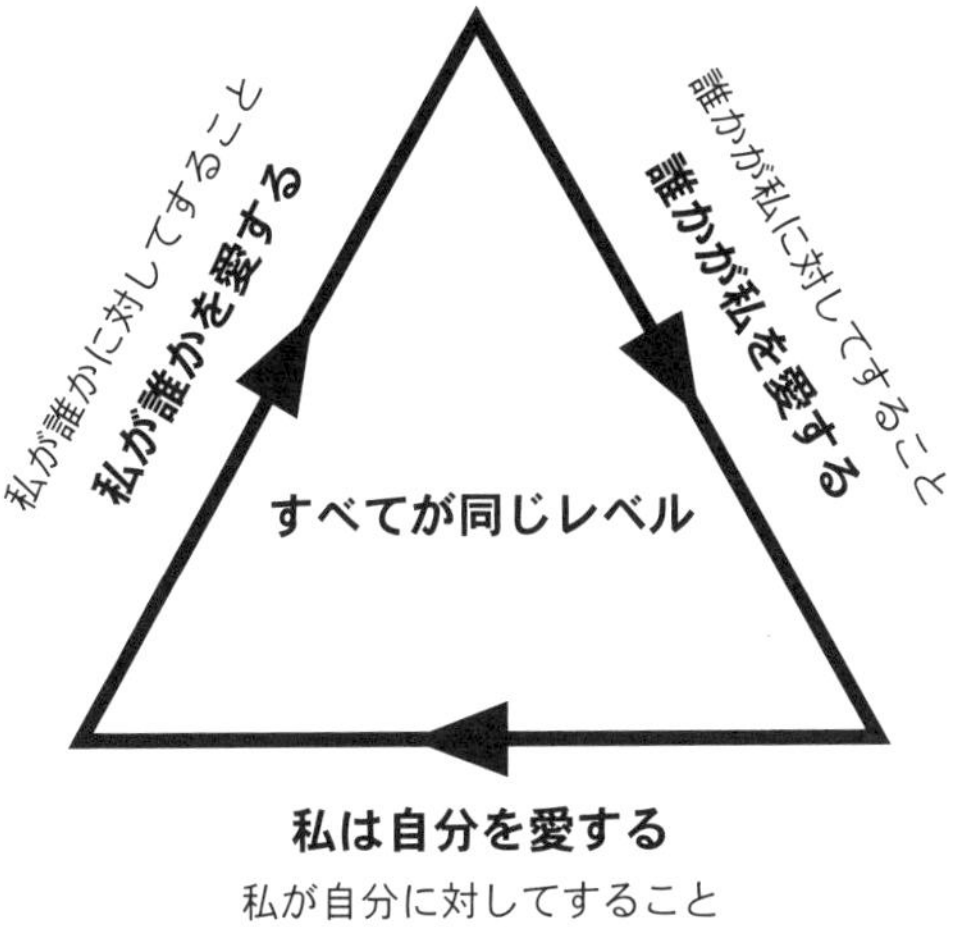

二つの傷が同時に刺激されている場合は、先ほどの例のように、一つの傷について考えていくと、もう一つの傷のことも分かってきます。

ここであなたは、この日の食べ方と目覚めた傷を関連づけることができるでしょう。仕事上で自分の能力に対して自信が持てず、〈拒絶による傷〉が刺激され、自分のことを養う価値のない人間だと感じ、そのために、食べることにさえ思い至らなかったのです。そして、その夜になって、食べものを充分に与えられなかった不当な扱いによって、〈不正による傷〉が目覚めさせられ、コントロールを失ってしまったのです。

ここでもう一度、思い出してください。心理学者の調査によれば、私たちは、自分の心の動きの一〇パーセントほどしか意識できていません。エゴが、それ以上意識することを邪魔しているのです。

あなたは最初、〈拒絶による傷〉に関して、そんなはずはないと思うかもしれません。「今日一日、自分を責めたことなんて一度もなかった。〈拒絶による傷〉が目覚めた覚えなどないわ」と。実は、あなたにこのような態度をとらせている犯人こそ、エゴなのです。

あなたに傷を意識させないためにエゴは存在しています。この傷の痛みにあなたは耐えられないだろう、そして自分は、あなた自身よりもあなたが必要としているものを知っている、と思い込むことによって、エゴは存在し続けようとするのです。

その日の出来事が、どの傷とも関連づけられないことだってあるかもしれません。でも、そんな時は、無理に結論を出さず、問題意識だけでも心に留めておくようにしましょう。

あなたの〈内なる神〉に、どの状況であなたの傷が呼び起こされたのかを質問したら、もうそのことは忘れてしまっていいのです。後で、答えが突然わかることもあるでしょう。食べる動機になった感情のぶれを探すのに、あまり時間をさかのぼる必要はありません。それは、二四時間以内にあったはずです。

こうして、その日に目覚めた傷を確かめることができたら、あなたの中で苦しんでいる〈インナーチャイルド〉に話しかけてあげましょう。「私はいつもあなたの味方よ。人間である限り、誰にでも傷はあるでしょう？　いつの日か、完全に癒してあげるから、それまで待っていてね」

そして、あなたの内なる神に対し、自分の傷を意識できたことを感謝しましょう。絶対に、自分を裁いたり、非難したりしてはいけません。

さらに、あなたのからだに対しても、あなたのために食べたものを消化吸収し、不要なものを排出してくれたことを感謝しましょう。からだも、自分が大切にされていることを感じたいのです。

からだに伝えましょう。食べ方を通して、少しずつ、からだが何を必要としているか聞けるように努力していることを。**あなたのからだは、あなたが「今の自分をありのままに受け入れ、なりたい自分にまだなれていないことを認めている」ことを感じると、もっと協力的になるでしょう。**

これは、あらゆることにあてはまる《法則》です。**受け入れることで、変化が起こります。受け入れないと、変化は起こりません。エゴには、この法則が決して分かりません。過去の経験に基づいた、狭い理解力しかないからです。**この法則は、過去でも未来でもない、今という時だけに関わるスピリチュアルなものなのです。

エゴは〈今に存在する〉ことができません。そしてエゴは、あなたがエゴの声を聞かずに自分の思った通りに行動すると、事態は必ず悪化し、不幸になる、と思い込んでいるため、あなたに罪悪感をいだかせ、あなたをコントロールしようとします。あなたを守れるのは、自分だけだと思っているからです。エゴには、変化をもたらすのはコントロールすることではなく、〈受け入れる〉ことだということが決して分からないのです。

傷を癒すためのワーク

ここまで、記録の見直し方を説明してきましたが、これから、食事を通して傷を治す方法についてお話ししましょう。このプロセスは、自分の内面と向き合わなければならないので、時間と努力を必要としますし、また、気負わない態度で臨《のぞ》まなければなりません。そして、すべての責任をあなた自身が引き受けなければならない、ということをしっかり自覚しましょう。この自覚こそが、あなたの人生を変える出発点になります。

自分に関わるこのワークを行なうことによって、あなたは、〈拒絶による傷〉と〈不正による傷〉をしっかり癒すことができるでしょう。その結果として、将来、似たような状況に出合っても、あなたはそれほど感情的にならずに、状況を客観的に眺めて、これまでとはまったく異なる対応ができるはずです。

誰かを非難したくなったら

まず最初の段階として、自分が経験していることを充分に自覚できるようになってください。

先ほどの例に戻りましょう。あなたはその日の日中《にっちゅう》、ほとんど何も口にせず、一日の終わりには〈拒絶による傷〉と〈不正による傷〉によってコントロールを失うことになりました。あなたはどうして自分を責めたのでしょうか？　仕事の準備を充分しておらず、やり始めるのが遅かったからでしょうか？

今までにこのような内省をしたことがない人は、浮かんでくる答えをすべて書き出してみましょう。ただし、その際に、〈持つ〉こと、〈する〉ことに関わる答えではなく、〈ある〉ことに関わる答えだけを書いてください。たとえば、「能力がなかった」、「のろのろしていた」、「臆病だった（上司に頼みごとができなかったから）」、「同僚に対して、つっけんどんだった」などがあげられるでしょう。

次に、その状況を思い返して、自分がその時どんな感情を持ったかを書き出してみましょう。たとえば、「自分に失望した」、「フラストレーションを感じた」、「がっかりした」、「不安になった」など。

そうやって一日を丁寧に思い返してみた上で、いま、誰か責めたいと思う人がいるかどうかを考えてみましょう。あなたの上司に対して、要求が多すぎると非難したくなるかもしれません。

充分な時間が与えられず、手伝ってもらえなかったため、〈不正による傷〉が刺激されることになったのです。非難は「どうだったか?」という点だけを書き出しましょう。「私が上司を責めるのは、彼が公平でなく、口うるさく、私の気持ちに無関心で、冷たかったから」というふうに。

このように思いっきり自分や誰かを責めることで、その日にあなたが経験した怒りや罪悪感と再びつながることが可能になります。一つひとつの感情をしっかりと感じてください。からだの、どの部分が、その感情を感じているかを観察するのもいいでしょう。

そして、しばらくは、それらの感情に逆らったり、否定したりせず、そのままそれらを感じましょう。他者や自分を責めたり裁いたりするときに怒りや罪悪感をいだいてしまうのは、人間だからしかたのないことなのだ、と考えてください。

このように、状況を、善悪の判断などせずにそのまま観察することで、はじめて感情から解放されるのです。

あなたは次に、食べもののとり方に関しても、さまざまな状況で同じように自分を責めていることに気づくかもしれません。たとえば、自分のニーズを聞かなかったことで、あなたは自分を非難するでしょう。あるいは、自分のことをついつい無視したり、何かを食べたいとあまりにも思いすぎたりしたために、自分を責めるかもしれません。

私たちは、自分を食べものへと走らせることになった状況のせいで、しばしば罪悪感を感じるものですが、それと同じ程度に、食べものをとること自体に対しても罪悪感を感じるものです。

罪悪感という重大なダメージ

罪悪感については、この本の始めから何度もお話ししてきました。罪悪感をいだくことで、人は、人生の重荷を背負い続け、自分が本当に必要としているものを感じることができなくなります。しかし、多くの人は、どれほど自分が罪悪感に縛られているかということに、なかなか気づくことができないのです。

私は、どのワークショップ、講演や本でも、必ず〈罪悪感〉と〈責任感〉を取り上げてきましたが、それでもまだ語り尽くしたとは思えません。それほど、この考え方は、自分を変えるために、本質的かつ重要なのです。

これまで、多くの人たちから、どれだけたくさんの言いわけを聞いてきたことでしょう。彼らは自分の中の罪悪感を認めようとしませんでした。「私は罪悪感なんて持っていないわ。太らないために注意しているだけなの」「私が太っているのは家系だから、しかたがないわ」「妻が作ってくれるおいしい料理は残せないよ」「おいしいものを食べたいだけよ。自分を責める気なんてまったくないわ」などなど。こういった人たちは、自分を正当化する必要を感じていますが、それは無意識のうちに罪悪感をいだいているからなのです。

あるクルーズ（船の旅）に夫と参加したときのことです。夕食は毎晩、八人用の同じテーブルに用意されていました。グループの中に、ガリガリに痩せた女性と肥満の夫の夫婦がいました。その奥さんは、テーブルの横を通る肥満の人たちについて、馬鹿にしたようなコメントを言い続けるのでした。ご主人の方は何も聞こえない振りをして食べています。

奥さんが、太った人を受け入れることができないことは、彼女の様子から明らかでした。彼女自身だって、たった一キロでも増えたら、自分を許せないでしょう。肥満の人たちを、意思の弱い怠け者だと決めつけ、本当にその気なら痩せられるはずだ、と言うのです。

彼女は、自分はデザートを絶対食べないと言っていましたが、しょっちゅうご主人のデザートに手を伸ばして食べていました。どれくらい食べたかも自分では分かっていない様子です。糖分がたくさん含まれているはずのワインも、たくさん飲んでいました。

ある日、彼女は、「これから、少なくとも一カ月は、パンとワインを口にしないことにします」と宣言したのです。そこで、「パンとワインを食べると、罪悪感を持ってしまうからですか?」と、私は彼女に聞いてみました。

その時の彼女の反応といったら！　私の質問にショックを受けたのは明らかでした。

「もう、とうの昔から、罪悪感など持たなくなっています！」と、はねつけるような返事でした。

私は他の同席の人たちにも同じ質問をしてみました。彼らが、よくこう話しているのを耳にしていたからです。「今日は食べすぎてしまった。自分にもっと厳しくなって、明日からは気をつけないと」

ところが、私の質問に対して、罪悪感をいだいていることを認めた人は一人もいなかったのです。まるで触れてはならないテーマに触れたかのようでした。私は、あわてて話題を変えたものです。

しかし、その時、私はひそかに思いました。「彼らは、本当は罪悪感に持つ時もあるのに、その事実を認めたくないのだ」と。それからクルーズのあいだ、私はさらに他の参加者たちも観察し、彼らの言動に注意するようになりました。

その結果、どれだけ多くの人たちが、罪悪感を抱えているかに気づいたのです。それはまさに驚きでした。このクルーズでの経験が、私がこの問題に取り組む大きなきっかけとなったのです。

自分の罪悪感が、思っていたよりもずっと深刻だ、と気づいても、まったく心配しないでください。私たちが罪悪感を持ってしまう原因は二つあります。

◆罪悪感を持っていれば同じ過ちを繰り返すことはない、と思い込んでいる。自分以外の人に関しても同じように考え、過ちを繰り返させないために、相手を非難して罪悪感をいだかせようとする。
◆よい人間は罪悪感を持つと思い込んでいる。

これらの思い込みから、多くの人が、「もう、二度とやらない」とか「もう、二度と食べない」と言ってしまうのです。

「月曜からダイエットをするから、この週末は好きなだけ食べよう」と言う人たちもいます。このような人たちは、二度と同じ過ちは繰り返すまい、と決心することで、体重や食べすぎを何とかしようとします。しかし、このような罪悪感に基づく決心は、それがいかに真剣なものであっても、残念ながら、結局うまくいかないものなのです。

あなたも同じようなことを口にした経験はありませんか？　もしそうであれば、期待通りの結果を出すことができたでしょうか？　きっとうまくいかなかったのではないでしょうか？　人間は、しばらくのあいだは自分をコントロールできるのですが、結局そのうちコントロールできなくなります。永遠にコントロールし続けられる人などいないからです。

この点で私たちには限界があります。そして、がんばって長くコントロールすればするほど、コントロールができなくなった時のダメージや後悔は大きくなるのです。

さまざまなコントロールの形については第一章、第二章で詳しくお話ししました。食事の記録を通して、あなたにどんなことが起こっているかを意識化すると、コントロールのほとんどは罪悪感が引き金となっていることに気づくでしょう。私たちがこれまでの人生で教えられてきた、よいとされる規範――やさしさ、礼儀正しさ、親切、思いやりなど――に逆らうと、罪悪感が自動的に私たちを縛ってしまいます。

クルーズで出会った例の女性は、自分の内面でどんなことが起こっているかに気づいていませんでした。彼女は後で、罪悪感に苦しむ人は、盗みや殺人などの犯罪を起こした人だけだと思っていた、と私に告白してくれました。

人生で、時には大きな罪悪感を経験しなければなりませんが、そうした大きな罪悪感より、私たちが日々の生活でいだく小さな罪悪感の方が、私たちに対して与えるダメージは大きいのです。それはなぜでしょうか？

大きな罪悪感の場合は、それを意識できるので、問題解決に取り組むことができるからです。クルーズの女性の抱える罪悪感は、反対に、小さくて意識しにくいため、対処が非常に難しいものでした。

しかしながら、罪悪感を意識することでいつも苦しむ必要はありません。罪悪感に苦しめられる前に、自分が罪悪感を持っていると意識できたことを感謝しましょう。意識さえできれば、現状は変えることができます。

罪悪感を意識したら、次にやるべきことは、その問題で自分がどんな恐れを持っているかを確認することです。この段階では、あなたが自分自身の苦しみを感じ、自分自身を理解してあげるようにしましょう。

いったい何を恐れているの？

それでは、このように自分に問いかけてみましょう。「この状況で、私は何を恐れたのかしら？」「今日、私はどんな恐れを持ったのだろうか？」

ここでまた、先ほどの例に戻って、答えを考えてみましょう。この場合、「自分は、職務に必要なスキル（能力）を持っていないのではないか」、「解雇されるのではないか」、「ミスをして笑い者になるのではないか」、「自信を持てなくなるのではないか」、「まわりの人たちに、自分が臆病で能力のない人間だと思われるのではないか」、などが考えられます。

恐れを感じたことをすべて書き出してみましょう。このようなエクササイズが初めての人は、最初、あまり思い浮かんでこないかもしれません。そんな時は、あせらず、時間をかけましょう。少しずつ、自分の経験に向き合うことが苦痛でなくなってきます。何事も、訓練すれば簡単にできるようになるものです。

恐れを感じた自分をいかにも人間らしいと思えれば、このエクササイズは楽しくなるでしょう。**恐れを持たない人など、この世にはいないのです。**私たちがこの地上に存在しているのは、何の不安も恐れも持たずに生きていくためではありません。自分の弱さや未熟さを認め、恐れる自分を受け入れながら生きていくことに意義があるのです。

ここまで、食事のとり方、そして、その日にいだいた感情、非難、恐れを意識化することによって自分のどんな傷が呼び覚まされたのかを認識する、ということをしてきました。最後のステップとして、今この瞬間の自分をありのままに受け入れ、愛することを学ばなければなりません。そのために、あなたは、〈責任を引き受ける〉ことを学ぶ必要があるでしょう。なぜなら、〈責任を引き受ける〉ことだけが、あなたを罪悪感の悪循環から救い出してくれるからです。

罪悪感を責任感に変える方法

真の責任とは何でしょうか？　二つの切り離せない面があることを知っておいてください。

▼自分自身で決断し、行動し、その結果を自分で引き受けることができ、そうすることによって人生を創造していけることが分かっている。

▼自分以外の人たちに関しても、その人が、その人自身の決断と行動で人生を創造していくことを尊重する。

本当に責任感のある人は、自分で決断し、行動し、その結果のすべてを、誰も非難することなく自分で引き受けることができます。また、自分以外の人に関しても、同じ態度を尊重します。

それでは、食事を通して、どのように罪悪感を責任感に変えていけるのでしょうか？

先ほどの例に戻りましょう。あなたは食べるのを忘れていて、からだをなおざりにしたこと、そしてそのあとでクッキーを食べすぎたことで、自分を責めます。当然のことながら、こんなことを繰り返してはいけない、と自分に言い聞かせるでしょう。反面、これまで同じことを果てしなく繰り返してきたこともよく分かっています。

責任を取るということは、自分が決めた通りに行動し、その結果を自分で引き受ける、ということでしたね。

それでは、クッキーを食べるのを我慢したと仮定して、どのような結果になるかを考えてみましょう。また、好きなだけ食べた場合にどうなるかも考えてみましょう。

まず我慢した場合、いい結果になることだって考えられます。たとえば、あなたは、仕事を仕上げる方が食べることよりも重要だと判断したために食べなかったことにするのです。これはきわめて正統な理由なので、あなたの心はきっと満足するでしょう。

一方、好きなだけ食べた場合ですが、甘いクッキーはその時リラックスするのに効果があった、と考えればよいのです。自分を責めたい気分になっていた時に、それが唯一の、自分をなぐさめてくれる手段だったわけです。

こういうふうに、いろいろな解釈が考えられます。どれを選ぶかは、あなた次第です。

好きなだけ食べた場合、「こんなにクッキーを食べてしまうなんて、許してはならない行動だわ。悪い癖がついて、もっとたくさんのクッキーを食べるようになってしまうかもしれない」と、たいていの人はこんなふうに考えるでしょう。あなたもその一人かもしれません。

エゴには、責任を取ることと受け入れることの意味が理解できないのです。だから、「自由を与えるといつも同じ間違いを繰り返し、もっと悪くなるかもしれない。この悪い習慣をやめさせようとしなければ、さらに問題は深刻化するはずだ」という発想法しか持ち合わせていません。

そこで、あなたの一部であるエゴに伝えてあげましょう。「今まで、エゴの言う通りにしても何も変えることができなかったから、今度は自分の新しいやり方で試してみたい。その結果については自分が責任を取るから、エゴは何も心配しなくていい」と。

これで、食べるという行為を通じてエゴに対して自分をきちんと主張し、自分の人生の主人公になることができます。たとえ、あなたの選択した食べものが、からだが本当に必要としているものでなかったとしても、誰かに対して申し開きをする必要はありません。結果はあなたが引き受ければいいのですから。

こうして、さまざまな経験をし、その結果を引き受けることで、物事を見きわめる能力が養われ、自分にとって本当に何が必要なのかが分かってくるでしょう。

そのうちまた同じ状況になり、クッキーを食べたくなったとします。今度は、結果がどんなことになるか分かっているので、食べるクッキーの数を前よりも減らすことができるでしょう。やがては、何も食べなくてすむようになります。いつかは、別の方法で自分をなぐさめることができるようになるからです。でも、今はまだクッキーが必要だと自分で分かっているのです。

このやり方が正しいことは、実際に経験してみれば本当によく分かります。**本物の知恵は、単なる知識ではなく、実体験から生まれるのです。**

もう一度、先ほどの例に戻りましょう。本当に罪悪感から解放されて責任を取っているかを確かめる、いい方法があります。誰かの前で、何も言いわけせず、クッキーを好きなだけ食べられるか、自分を観察してみるのです。

もし、誰かに見られて、罪悪感を持ち、居心地が悪かったら、あなたはまだ罪悪感から解放されていません。でもがっかりしないで下さい。自分で責任を取れるようになるには、長い訓練が必要なのです。たいていの人は、そのことをこれまで教わることがなかったし、実際やれている人はとても少ないのです。いつも思い出してください。誰も、責められるべき人はいない、ということを。私たちはみんな、いろいろな経験をしながら自分によいものを発見し、人生を創造している最中なのです。

〈自分を愛する〉ということは、いろいろな経験を通して学ぶことを、自分に許してあげるということです。

自転車に乗る練習を思い出してください。バランスが取れるようになるまで何度も、転んでは起き上がる、ということを繰り返したはずです。すぐに乗れないからといって、その人がだめな人間だとか、馬鹿だとか言えますか？

どんなことでも、新しいことを学ぶときは時間がかかるものです。中でも、私たちの傷に張り付いている〈思い込み〉から解放されるには、辛抱強く取り組んで、かなり時間をかける必要があるでしょう。私たちは、これらの傷を、前世から持ち越しているからです。

大切なのは、自分が向上できるように前向きに取り組むこと、そして常に変化していることを確かめて励みにすることです。

もし、罪悪感を持ってしまうようであれば、そんな自分を責めないで、意識する前と比較して、現在の罪悪感がどれくらいの程度なのかを観察しましょう。たとえば、以前は一〇のうち九だったものが、今は一〇のうち五であれば、あなたはだいぶ向上したことが分かります。この短いエクササイズは、目的意識を持ち続け、根気よく訓練を続けるために役立つでしょう。

反対に、もっと自分を責めるようになったと感じたとしたら、その感じ方の解釈には充分に注意しましょう。実は、罪悪感を前よりはっきりと感じるのは、あなたが前より意識的になったからだ、ということを知ってください。意識化によって自分を受け入れことができるようになったからであって、それは傷を治すことにつながるでしょう。

食事に関して自分の責任を取れるようになったら、他の分野でも同じようなエクササイズをしてみましょう。先ほどの例に戻りますと、仕事の面でも、恐れや非難は、あなたが望んでいるものを何ももたらさないことに気づくはずです。また、上司の期待に応えられなくても、きちんとそれを上司に伝えることで、適切に対処し、責任を取ることができるようになるでしょう。

両親と和解して許すためのステップ

ここまで、〈責任〉を取ることによって自分を受け入れる、ということを学んできました。ここからさらに、〈受け入れる〉という行為について深く学んでいきましょう。あなたの人生は、さらに大きく変化するはずです。

このステップでは、一人で自分の心と向き合う時間を長くとる必要があるでしょう。また、ある特定の人たちと向き合う作業を必要とします。

先ほどの例に戻りましょう。これまで、あなたは次のことに気づくことができました。

A 食事の面で、からだの声を聞かなかった。

B 食事の仕方から、〈拒絶による傷〉と〈不正による傷〉が刺激されていたことに気づいた。

C その日に経験した感情と罪悪感。

D 自分と上司に対する非難。

E あなたの中の恐れ。

F 罪悪感ではなく、責任感を持つことの大切さ。

次のステップでは、あなたの両親との関係、また、あなたの教育に大きな影響を与えた人たちとの関係について考えていきましょう。

あなたが誰かを非難するとき、あなたは無意識のうちに、非難する相手を、その人と同性である自分の親と比較しているはずです。ただし、仕事関係の人を非難するときは、性別に関係なく、あなたの教育に大きな影響を与えた人と比較しています。

あなたが何らかの理由で自分を責める時、その同じ欠点を、あなたと同性の親も持っていたことに気づいてください。そして、あなたがどんな時に、その親を同じ理由で責めたかを思い出しましょう。

実は、その親も、同じ理由で自分を責めていたはずなのです。あなたと同じ傷が引き起こす感情を、その親自身も経験していたのです。このステップを踏むことで、親と自分を、思いやりをもって理解できるようになるでしょう。

前に説明した《愛の三角形》をもとに考えてみましょう。あなたが誰かを責めると、同じ理由でその人はあなたを責めます。そして、あなたも、自分自身を責めるようになるのです。

また、あなたが自身自分を責める時も、この三角形を使うことができます。あなたはやがて他者を責めるようになり、その人が今度はあなたを責めるようになります。

あなたの傷が引き起こす感情で、どれだけ苦しんだかを思い返してみましょう。

次に、親も同じように苦しんだことを理解しましょう。親があなたに対してとった行動は、これらの傷が原因であり、その時は他にどうしようもなかったのです。そのことを理解して、親を受け入れるようにしてください。時間をかけて、少しずつ自分の心を開いていきましょう。

こうして親を理解することができたら、次は〈和解と許しのステップ〉に進みましょう。傷が引き起こした苦しみを親と語り合い、分かち合うのです。この段階であなたは、どれだけ自分自身と親を受け入れることができたかを試されます。

もし、ここでうまく心を開くことができなかったら、親を理解し受け入れることがまだ充分にできていないしるしです。親の身になってみましょう。少しずつ、心を開くことができるはずです。そして、あなたが発見したこの傷の問題を、親に話して分かち合ってください。

なりたい自分になるために、この許しと和解のプロセスを行なうことができるのは、あなた自身だけです。特に、一番つらかった経験について、このプロセスを行ないましょう。あなたは、なんらかのコントロールに縛られていたはずです。自分をありのままに受け入れることだけが、素晴らしい最終的な結果をもたらしてくれるでしょう。

あなたは、それでもたまに、まわりの人、特に近しい人たちを拒絶し、見捨て、侮辱し、裏切り、不当に扱うことがあるかもしれません。でも、そんな自分を受け入れることができるようになったら、それはあなたの傷が癒されつつある証拠です。反対に、あなたが自分の弱さ、限界を受け入れなければ、それだけ傷は深いものになっていくでしょう。

なりたい自分になるエクササイズ

自分が何を欲しているのかを意識するために、よく使われる方法をご紹介しましょう。

「○○だったために、どうなれなかったのだろう?」と自問してみるのです。この答えが、どんな自分になりたいかを示しています。

たとえば、「仕事がうまくできなかったために、自信を持てなかったし、積極的になれなかった」と思ったとしたら、あなたが心から望んでいるのは〈自信〉や〈積極性〉だということです。

その日一日を、もしなりたい自分だったらどんなふうに行動していただろうかと、思い描いてみましょう。これは、自分がどんな生き方をしたいのかを明確にする、素晴らしいエクササイズです。万が一、イメージ法がすぐにできなかったとしても、がっかりしないでくださいね。ゆっくりであっても、確実にできるようになればいいのです。

この内面的なエクササイズを行なっていると、同じような状況で、あなたは以前と違った対応ができるようになるでしょう。自分でも、理想の自分に近づきつつあることに驚かれるかもしれません。こうして、なりたい自分を思い描いているだけでも、考え方や行動が向上していくはずです。

自分の願いや、なりたい自分のイメージを、繰り返し思い描いたり、言葉にしたり、紙に書いたりしましょう。繰り返すことで、脳に新らしいつながりができます。大企業はこれを利用して、さまざまなＣＭのイメージを繰り返し流しているのです。どうせ自分に繰り返すのであれば、あなたが聞きたいこと、あなたの向上の助けになる言葉の方がいいですよね。

なりたい自分にすぐになれなかったり、理想の通りに行動できなかったりしたら、次のことを繰り返すようにしましょう。「〇〇でありたいのだけれど、今の私はまだ、そうなれていない。自分に時間をあげよう」

自分の体重を受け入れる

あなたが、太りすぎ、あるいは痩せすぎという理由で、今の自分を受け入れることができないのなら、先ほどの意識化のエクササイズ（一七九ページ〜）をして、それを受け入れることができるようになりましょう。

体重の問題が刺激したのは、どの傷でしょうか？　それを確認したら、「両親と和解して許すためのステップ」のところ（一九二ページ〜）で説明した順番で、ステップを踏んでいきましょう。まず、自分やまわりの人たちを責めることから始め、次のステップに進んでください。

両親が二人とも体重に問題がないので、責めることなんてできない、と言う人がいるかもしれません。そんな場合、からだの外見だけにこだわらないでください。あなたがどう感じたかを大切にしましょう。

太っていることで、あなたはどんな気持ちになりますか？　また、自分のどんなところを責めますか？　たとえば、隠れて食べるから、あるいは、優柔不断で、衝動的で、偽善者で、うそつきだから、だとしたら、あなたは両親のそうした欠点を非難したことがあるかどうか、思い返してみましょう。

このようにお話ししているのは、外見だけを気にするのではなく、その奥に隠れている、感情や精神の領域に注意を向けてもらいたいからです。内面的に変わっていくことで、肉体も変化していくのです。

それでは、どんなふうに意識を向けていったらいいのでしょうか？　自分のことを、醜《みにく》い、のろま、と思ったとします。その場合、次のように自分に対して質問してみましょう。「醜くて、のろまであったために、私はどうなれなかったのだろう？」

その結果、「生き生きしていて、柔軟で、自信にあふれ、自由で、華やかでいられない」という答えを思いついたとしたら、それこそが、あなたがなりたい自分なのです。将来そうなれるように、なりたい自分のリストを作ってみましょう。

体重のことばかりに気を取られているのではなくて、これからなりたい自分に意識をフォーカスするようにしましょう。

この、なりたい自分のリストを、よく見えるところに貼ってください。そして、なりたい自分に近づく行動をしましょう。たとえば、快適でいたいのであれば、快適な服を着ましょう。長時間のデスクワークのために、快適で座り心地のいい椅子を確保しましょう。このように行動することによって、会話や意識も自ずと変わっていくものです。

何かを決めなければならないときには、ほんの少し時間をとって考えてみるのです。そして、どうすれば自分が快適になれるのかを自問してみましょう。答えが出たら、その通りに行動すればいいのです。

体重の問題を抱えている人は、まわりの人のことに干渉しすぎる傾向があるようです。自分のことは後回しにして、その人たちの問題まで背負い込んでしまうのです。あなたがそういった態度を取りそうになった時、そのことをあなたに気づかせてくれるよう、信頼できる人に頼んでみましょう。

また、もう一つのアイディアとしては、「自分の責任は自分で取る。相手の責任は相手が取る」という張り紙を、家のあちこちに貼っておくことです。この二つの方法で、他者の問題を抱え込むことによるストレスから解放されて、自分を大切にできるようになるでしょう。

相手の体重を受け入れる

意外なことかもしれませんが、自分にとって大切な人の体重を受け入れるのは、自分の体重を受け入れるのと同じくらい、あるいは、それ以上に難しいようです。自分自身の体重にいつも気をくばってコントロールしてきた人は、子どもやパートナーが太り始めた時に、とても心配するものです。

私はこれまで、どれだけ多くの母親が家族のことを嘆くのを聞いてきたことでしょう！（心配する父親もいるのですが、彼らは口に出しません）

母親は、自分のかわいい娘が毎年太っていくのを、なんとかしなければと思います。たいていの場合、「ダイエットしたらどう？」とアドバイスします。つまり彼女たちは、コントロールすることを娘に勧めるのです。

彼女たちは、母親として、それが一番やってはいけないことだということを知りません。

一一〜一二歳のぽっちゃりしたかわいい女の子に、母親がこう言います。「あなたは本当にかわいいわね。でも、だんだん太ってきているわ。男の子たちに振り向いてもらえなくなるかもしれないわよ。あなたのためにダイエットの本を買ってきてあげたから、もう食べるのをやめなさい。恥ずかしくないの？　さっき、食べたばかりでしょ。私もあなたの年頃には、食べてばかりいたから、かなり太っていたのよ。もしあのままだったら、今頃ものすごいデブになっているはず。もちろん、あなたがその気になったらだけど、ダイエットしてみたらどうかしら？」

女の子は母親の話を聞いて思います。「ママは今の私が嫌いなのね。痩せなければ愛してもらえないいんだわ」

そして女の子は、ダイエットで自分をコントロールしていれば母親がほめてくれるので、愛されるためには自分をコントロールしなければならないと思い込むようになるでしょう。

母親は、娘に、傷を覆い隠す仮面をつけるように仕向けていることを自覚していないのです。こうして女の子は、傷を癒すことができなくなり、自分自身でいることができなくなってしまいます。仮面の問題は、体重などより、ずっと深刻なのに。

もしあなたの子どもやパートナー、または両親が肥満しつつあったらどうしますか？「どうしたらいいのかしら？　私が言ってもその気になってくれないし、他の誰も、注意してくれない。このままだと、太りすぎて手遅れになってしまうわ。私は、本当に助けてあげたいんだけど」

子どものことを心配するお母さんたちに、何の悪気《わるぎ》もないのは当然のことです。でも、思い出してください。**自分の意志の力は、自分のためにしか使えないのです。**つまり、本人にその意志がなければ、まわりがいくらうるさく言ってもその人を変えることはできません。それに、相手を変えようとするなんて、その人を尊重していないということになりませんか？

ここで分かりやすいたとえ話をしてみましょう。飼い主がロバに水を飲ませようとして、水場に無理に引っぱって行き、ロバの顔を水に押し付け、口を無理に開かせます。でも、ロバは水を飲まず、飼い主の思いやりは何にもならなかった、というお話です。

以上のことが分かったら、まず、本人に対して質問してみましょう。もし、まわりの子より太ったら、学校でどんな恥ずかしい思いをするだろうか？　友だちからどう見られるだろうか？　スポーツをしても動きが鈍くなるのではないか？　などなど。

ここで大事なことは、本人が、自分の思っていること、感じていることをそのまま口に出せること——つまり、あなたが操ろうとしないこと——です。それから、これ以上太ったら、どんなことが起こるかを書き出してみるように提案しましょう。母と娘だけの秘密のリストとして。

リストを書き終えたら、本人に、どんなふうに感じるかを聞いてください。そして、そうならないように問題に取り組めるのは本人だけであって、誰も代わってあげられないということを説明しましょう。最も心がけなければならないのは、その子がどんなふうに感じているかをじっと見守ってあげることです。

「どんなことになってもいいわ。そんなに太っているわけでもないし。どっちにしろ、自分のからだのことだわ、お母さんには関係ないでしょ！」これが女の子の返事だったら、この子は、母親が自分を思い通りに操ろうとしていると感じたのです。

今の若者たちは、心理的に成熟しているので、両親や教師にコントロールされることを拒否します。彼らは、両親が彼らをコントロールしようとしているのか、純粋に支えようとしているのかを、すぐに見抜くことができるのです。

それはなぜでしょうか？　彼らは自分の意思を尊重してほしいのです。彼らは、生まれながらに知っています。他者をコントロールしたり、変えようとしたりすることは、その人を尊重していないことである、と。

水瓶座《アクエリアス》の時代に生まれた世代は、みんな、自分の意志が尊重されることを望みます。一九六〇年代からこのエネルギーは地球上に感じられるようになり、その後、年々強くなってきています。若い世代は、自分のことは自分で責任を取るべきだ、ということを知っているのです。

私たちが〈責任〉の意味を本当に理解すると、他者が、自分の選択、決断、行動の結果を引き受けるのを見守ることができるようになります。

子どもは、両親が自分を信頼し、結果がどうであれ、自分で責任を取れるように導こうとしているのを感じると、すっと心を開いて、忠告を聞くようになるでしょう。

こうして相手の反応を見守ることで、相手が自分で責任を引き受けていることが分かります。でも逆に、あなたが相手に責任を感じてアドバイスをしたとしたら、相手はそのアドバイスで責められた気持ちになってしまうでしょう。そして、あなたが自分をコントロールしようとしていると感じます。あなたは、自分が罪悪感を持たなくてすむように、相手を思い通りにしようとしているのです。つまり、あなたのアドバイスは、相手が何を必要としているかを無視したものであって、自分の〈恐れ〉から出たものなのです。

肥満に苦しむ人を助けたい場合、あなたが相手を束縛せず自由に決断できるようにしているかどうか心配だったら、相手に直接確かめてみてはいかがでしょう？　一人の人間の境涯や人生の目的など、他者には、はかり知ることができません。もしかすると、その人は一生、肥満でいることで自分の傷について多くを学ぶことができるのかもしれません。誰も、他者のために何かを決めることなどできないのです。

もし太り気味のお子さんをお持ちでしたら、栄養のある健康的な自然食品を買うことをお勧めします。この種の食品は、たくさんの量を食べる必要がありません。

私が食事について、また、からだと心の関係について研究し始めた頃、私の子どもたちは一〇代の育ちざかり、まさに体重を気にする年頃でした。私は自分の研究を進めていくうちに、それまで子どもたちのために買っていた食品が、何のエネルギーも与えないものであることに気づいたのです。

それどころか、消化、吸収し、また不要なものを排出するのに、たいへんなエネルギーを浪費させるものばかりでした。たとえば、のどが渇いたときに子どもたちが飲んでいたのは、砂糖がたっぷり入ったジュースなどでした。

そこで私は、浄水器を買うことにしました。水道水そのものは、薬品の味がして、とても飲めるものではなかったからです。浄化された水を飲んだ子どもたちの「ああ、水っておいしいんだね！」という一言が、自然な水の大切さを証明しています。

他者が必要としていることを尊重できるようになると、あなたも、自分自身が必要としていることを大切にできるようになるでしょう。

三つの体《ボディ》の声を聞く

あなたの三つのボディ――〈物質体〉、〈感情体〉、〈精神体〉――は、それぞれ必要としているものが異なります。それぞれに、適切な栄養を与えてあげないと、あなたは快適に生きることができなくなるでしょう。

私はこの本を通じて、あなたと一緒に、三つのボディについて、もう一度学びたかったのです。そうすることによって、あなたは人生の目的をいつも意識しながら、じっくりと時間をかけて、それらを実現させることができるようになるでしょう。

〈物質体〉については、この本の始めの方に書いた六つの栄養素を忘れないようにしましょう。からだは何が必要なのかをよく知っています。そんなからだを一〇〇パーセント信頼していれば、安心して過ごせるでしょう。

「いま、私は何を食べたいのだろう?」という自分への問いかけを続けることによって、からだが何を必要としているのか、すぐ分かるようになります。この、からだの素晴らしい知恵を、もっと愛しましょう。

からだが必要とする最も基本的なことは、第六章で説明したように、呼吸と運動です。それに、もう一つ、〈休息〉を忘れないようにしましょう。〈休息〉は〈感情体〉や〈精神体〉にとっても、すごく大切です。

時間がないからといって、休息を充分に取らない人が多いのですが、これは、本当に愚かなことです。なぜなら、上手に休息すると、その後の仕事の能率は二倍にもなるからです。これは経験してみれば、すぐに分かります。一五分から三〇分の休息を取るだけで、エネルギーが湧き上がってくるのが感じられるでしょう。ぜひとも今日から、この知恵を実行しましょう。自分の好きなように休んで楽しんでください。

時間は、私たち全員に与えられた、一種のエネルギーです。自由に使うことができます。**いま、自分の健康のために時間を使わなかったら、あとで病気になって、その分だけ時間を使うことになるでしょう。**だとしたら、どちらを選びますか?

睡眠に関しては、その日の活動によって必要な時間が異なってきます。私が長年やっているやり方をご紹介しましょう。夜、翌日にやることを計画し、それをイメージ化します。そして、からだに、いつベッドについたらいいのか質問するのです。まぶたが重くなってきた時が、寝るべき時間です。このからだからの信号を無視し続けると、そのうち、からだは信号を送ってこなくなるので気をつけましょう。これは、いつ食べ終わるべきかの信号と同じです。

〈感情体〉は、感じ取り、感動し、喜びや美しさや平和の中で幸せに生きるために作られました。つまり、ストレスを感じたり、ネガティブな感情をいだいたり、自分の運命を嘆いたりするよりも、生きることに喜びを感じて幸福に生きたいのです。

ストレスの原因としては、次のことが考えられます。

「完璧を求めすぎる」

「他者を幸せにする責任があると思い込んでいるため、その人が幸せでないと、自分を責めてしまう」

「ものごとをおおげさに、悪く考える」

「すべてを自分の思い通りにしようとする」

「成功するためには働きすぎるほど働かなければならず、遊んだり休みをとったりする暇はないと考える」

「失敗すると、自分はだめな人間だと思い込む」

「どんなことをやったかで自分の価値を決める」

「他者の期待に、なにがなんでも応えようとする」

「自分に対して要求が多い」

「人から利己主義者だと思われたくない」

「太らないために、常に自分をコントロールしている」

あなたの〈感情体〉のために、日々の生活の中にある、ささやかな幸せを大切にし、まわりの人たちと自分に感謝をし、その一日があなたに与えてくれた命を祝福しましょう。自分を責めるのではなく、もっと自分をほめてあげましょう。

〈感情体〉は、日々の生活の中で、明確な目的を必要とします。朝、目が覚めた時に、すぐ取り組みたいようなことがあったら、あなたの〈感情体〉は幸せでしょう。休むことなくエネルギーを作り出し、あなたを生き生きとさせてくれます。

最も分かりやすい例が、子どもたちでしょう。退屈だと文句ばかり言っていた子どもたちでも、何かおもしろい遊びを見つけると、あっという間に目を輝かせて生き生きしてきます。

〈精神体〉が必要とするのは、脳を刺激する新しい知識、また、いつも生き生きとしていられるような経験です。この〈精神体〉によって私たちは、考え、分析し、段取りを立てます。また記憶を保持するのも〈精神体〉の役目です。〈精神体〉はまた、常にポジティブな思考をし、今という瞬間を生きること必要としています。

もし、あなたが新しいものを何ひとつ学ぼうとしなかったら、日常の繰り返しの中で〈思い込み〉に支配されてしまうでしょう。過去に引きずられて、今を積極的に生きることを忘れてしまいます。ついには、向上心を持たない、精気を失った人間になってしまうでしょう。

からだと心をより向上させるために、新しい知識を学びましょう。読書、ワークショップ、テレビ、インターネットなど、手段はいくらでもあります。人々とじっくり話をするのもいいでしょう。あなたに合った方法を見つけてください。

一日を終えるにあたって、その日に新しく学べたことに感謝すれば、あなたの〈精神体〉が充分に栄養を与えられたことが実感できます。その新しい知識は、あなたがなりたい自分になれるように、しっかり使いましょう。そのまま放っておくと、すぐに忘れてしまうからです。

瞑想を生活に取り入れる

瞑想は、自分とつながり、自分が何を必要としているかを知る、もう一つの方法です。すぐに始められる素晴らしい習慣と言えるでしょう。太古から、あらゆるスピリチュアルな教えは、瞑想を取り入れています。

二〇年ほど前から、科学者たちは瞑想について興味深い研究結果を出してきています。彼らによれば、数年間、瞑想を続けていると、脳のリズムが驚くほど変化するのだそうです。脳波を調べてみると、瞑想中は脳の異なった部分が調和した動きを始め、共鳴するのです。瞑想する時間が長ければ長いほど、この調和の効果が大きくなり、次の瞑想までのあいだも、この効果が継続します。

ある研究者によると、瞑想中、脳の中の喜びと前向きな思考をつかさどる部分が、際立って活発になるということです。また、瞑想の習慣を持つ人たちは、瞑想しない人に比べ、免疫システムが非常に発達していることも知られています。

私が瞑想を始めて、もう三〇年になります。瞑想生活はさまざまな効果をもたらしてくれました。まず、年頃の子どもたちがいるにぎやかな家でも、効果的に仕事ができる集中力を発揮できるようになりました。そして、一番の効果は、不安や苦しみを大幅に軽減できたことです。

特にETCセンター開設後の数年間は、たくさんの問題を抱えていたので、瞑想は本当に大きな助けになりました。瞑想の後で、素晴らしいアイディアや、またそれまで抱えていた問題の解決法が浮かんでくることが、しばしばあったからです。

いろいろな人からよく聞かれます。「瞑想と言ってもいろんなやり方があります。いったい、私はどれを選んだらいいのでしょう?」

そんなとき、私はこう答えるようにしています。「いくつかやってみて、あなたにいちばん合っているやり方を選んだらどうでしょう?」

インターネットでも瞑想用の音楽や誘導の言葉が聞けますし、瞑想に関する本やワークショップもたくさんあります。私も最初の数年間はいろいろと試してみました。そして選んだのが、次にご紹介する《観察の瞑想》です。

いつ? 理想的なのは、日の出の時間帯です。もし、それが無理なら、あなたの都合のいい時間帯にしましょう。ただ、注意していただきたいのは、時間が遅くなるにつれて、雑念が入ってきて、客観的に物事を見るのが難しくなるということです。また、夕食後は瞑想に適していません。瞑想のかわりに、ゆったりとくつろぎましょう。

どんなふうに? 背筋を伸ばして椅子に座り、足の裏をしっかり床につけます。それから目を閉じて、手を両膝《ひざ》に置きましょう。三回深呼吸した後で、ふつうの呼吸に戻ります。この本の前の方で紹介したように、意識を呼吸に向けましょう。空気がからだに入る時、平和と静けさと健康を一緒に吸い込んでいると考えます。息を吐くとき、あなたのからだにたまっていたストレスと毒素が、一緒に外へ出て行くのをイメージしましょう。

どこで？　あなただけの、静かな瞑想の場所を確保してください。インスピレーションを感じる絵を飾り、キャンドルを灯《とも》して落ち着いた雰囲気にします。雑念を取り除くために、心が解放されるような音楽を小さい音で流しましょう。

どれくらいの時間？　始めは、一日一〇分から一五分くらいでいいと思います。少しずつ長くしていき、三〇分から一時間くらいまで伸ばしていきましょう。自分に合った長さを見つけてください。この時間は一人きりになり、自分自身とコミュニケーションするための貴重な時間である、ということを自覚しましょう。

「瞑想しようとするのですが、ついつい考えごとをしてしまうのです」という声をよく聞きます。でも、そんなに気にしないでください。当たり前のことです。何も考えないで一〇分間過ごせる人など、まずいません。最初からできるなんて思わないことです。

雑念の多い人は、まず、一日五分くらいから始めて、少しずつ長くしていけばいいでしょう。チベット僧の瞑想のレベルになるまでには、とても長い修行が必要なのです。

この瞑想のコツは、思い浮かんだこと、感じたことを、ただ〈観察〉することです。「あとで歯医者に電話して、今日の予約をキャンセルしなければ」というような考えが意識に上ってきたら、「雑念」と言いながら、その考えが通り過ぎて行くままにします。そんなことは瞑想の後で思い出せばいいのです。どんな考えが浮かんできても、何も判断を加えず、このように通り過ぎるままにしましょう。

もし、言い争いをした人を思い出して突然腹が立っても、「感情」と言って通り過ぎるままにします。悲しみ、不安、罪悪感、怒りなどが起こってくることもあるでしょう。どれに対しても、ただ「感情」と呼びましょう。

からだが感じることも同様です。かゆみ、痛み、熱さなどを感じることもあるでしょう。でも、それにこだわらないで、ただ〈観察〉してください。根気よく続けるうちに、自然体で、楽しくやれるようになるはずです。

〈考える〉と〈観察する〉を混同しないようにしましょう。私は二つの違いを説明するために次の例を出すのが好きです。

あなたは川のほとりに座っています。そして、その川がいろいろなものを浮かべながら流れているのを〈観察〉しています。観察するとは、ただ目に入ってくるものをありのままに受け入れることです。なんの精神的な活動もありません。でも、〈考え〉出したとたん、分析を始め、こう質問することになるでしょう。「このゴミはどこから来たのだろう？　いったい誰が、こんなきれいな川にゴミを捨てたりするのだろうか!?」

瞑想中に心に浮かんできたことは、瞑想の後でじっくり考えればいいでしょう。でも、瞑想中は、可能な限り、観察だけするのです。観察する状態でいることが、時には睡眠よりもはるかに素晴らしい効果をもたらします。

どうすれば自分を愛せるのか

この本の中で紹介してきたエクササイズや発想法は、どれも、自分をもっと知り、愛せるようになるための方法です。実践してくだされば、それだけ、からだが何を必要としているのかが感じられるようになるでしょう。からだは、大切にされ、愛されていると感じると、あなたに協力的になり、一〇〇倍もの愛を返してくれるはずです。

万が一、からだに余計な負担をかけることになっても、からだは喜んでエネルギーを出してくれるでしょう。なぜなら、あなたがどれだけの愛をもってからだを大切にしているかを知っているからです。また、あなたの食生活も大きく改善されるはずです。自分を大切に思うので、からだの負担になるものは、もう食べられなくなるからです。

私たちは自分に対して要求が大きすぎ、自分自身をなかなか受け入れることができません。

私たち人間は完璧な存在ではないのに、もっと完璧にやれるはずだと思って、満足できないのです。そんなふうだと、目的を完璧に達成しようと頑張りすぎて力尽きてしまうか、理想に近づけず、自信を失って、何もできなくなってしまうかのどちらかでしょう。

失敗を恐れるあまり、何もできなくなってしまうケースだってあります。「何もしなければ、間違うこともないのだから」と。もし、あなたもこのような人でしたら、次のように自分に語りかけてください。「私はいつもできるだけのことはやっているのだから、すべてを完璧にやれなくてもいいことにしよう」

ストレスの大きな原因は、「自分には、まわりの人たちを幸せにする義務がある」という思い込みです。もちろん、自分にとって大切な人が不幸になったら、悲しむのは人間的なことです。しかし、自分の力ではどうにもならない現実に対してストレスを感じ、自分を見失う必要はまったくありません。特に、自分以外の人のことではそうです。

「人は運がないから不幸になるのではなく、不幸を探しているから不幸になるのだ」

これは私が読書中に出合った言葉です。あなたがどれだけ助けようとしても、どれだけ同情し、励ましても、不幸を招き続ける人たちがいます。このような人たちは、無意識のうちに、不幸を嘆くことが唯一、誰かから関心を向けてもらえる手段だと思い込んでいるのです。あなたも、その人に関わり合うことで、その人を愛していると思い込んでいますが、決してそうではありません。誰かの生き方をよくしてあげようとするのは、その人からあなたが愛され、感謝されたいからなのです。

つまり、あなたの自分への愛が充分ではなく、どれだけ自分が特別な人間かが自覚できていない、ということなのです。自分を充分に愛していないために、人から愛される必要があると感じているわけです。

これからは、あなたに必要な愛をあなた自身が与えるようにしましょう。誰もあなたのかわりにあなたを愛せないのです。自分を愛するのはとても簡単なことです。いま、この瞬間の自分をありのままに受け入れればいいだけなのです。非難したり、裁いたりせず、いまの自分をありのままに受け入れればいいのです。

このように自分を愛せるようになったら、まわりの人を助けようとするときのあなたは、以前とは大きく違っているはずです。自分を尊重しながら相手の必要としているものを尊重できるようになっているからです。相手に無理に何かを勧めたりしません。相手が本当に助けを必要としているのか、見きわめることができます。

愛されないことを恐れて人を助けようとすると、力尽き、自分まで不幸になってしまいますが、真の愛から誰かを助けると、あなたの中にエネルギーが滾々《こんこん》と湧いてくるでしょう。

食事のレベルで**自分を愛する**とは、いつも完璧というわけにはいかない自分、からだのニーズを聞かないこともある自分を、まるごと受け入れるということです。言い換えれば、自分を限界や弱点のある人間だと認めることです。

自分を尊重するとは、自分が選んだ食べものが、からだが必要としているものかどうか、自問する時間を取るということです。たとえ、からだが必要としないものを食べてしまったとしても、それは一時《いっとき》だけのことにすぎません。**今日**だけのこととして、認めてあげましょう。そして、もっと自分を大切にできるようになろうと、自分に言い聞かせればいいのです。

たとえば、親戚が集まったパーティで、食事を大いに楽しんだあとで我にかえり、からだの声を聞かなかったことに気づいたとします。そんな時でも、これは今日だけのこと、と考えましょう。いずれにせよ、この結果の責任を取るのはあなた自身なのです。

自分を尊重するということは、それが必要な時に、食べものや人に対して「ノー」と言えることです。あなたのからだは、あなたが人生を謳歌するための完璧な創造物です。太っているか、どんな色か、どんな形かなどは問題ではありません。あなたのために、あなたとともにいるのです。あなたはそんなからだのニーズに、できるだけ応えてあげなければなりません。あなたのからだを敬《うやま》い、愛しましょう。

また、あなたの食事の仕方は、あなたが魂にどんなふうに栄養をあたえているかを反映しています。食事の仕方を観察することで、あなたが自分自身をどれだけ愛し、尊重しているかが意識化できるのです。

原因を理解することで、私たちは素晴らしい変化をとげることができます。あなたが食事のとり方を観察し、コントロール、恐れ、罪悪感、エゴ、傷などの、自分の問題を理解し、自分を受け入れ、大切にできるようになると、まわりの人もそれを感じ、無意識のうちにあなたを尊重し始めるでしょう。

さまざまな病気が消えてゆく

自分のニーズを聞いて新しい行動を起こすようになると、あなたの肉体も変化してくるでしょう。さまざまな病気が治ることもよくあります。

私はこの二七年間に、ＥＴＣセンターに寄せられた何千通もの手紙によって、そうした実例を本当にたくさん集めることができました。〈物質体〉は、〈感情体〉、〈精神体〉に起こっていることの反映でしかありません。三つのボディは同時に変化していくのです。

でも私は、病気の時に肉体をケアしなくていいと言っているわけではありません。どうぞ自分に合った方法で治療してください。ただ、考え方や生き方を見直して、感情体、精神体の二つのボディを改善すると、肉体の回復も驚異的に早くなるのです。

からだのニーズを聞き、自分を愛することで、将来の肉体の問題を避けることができます。たとえば、いつも罪悪感をいだいていると、事故を引きつけやすくなるでしょう。これは、無意識のうちに、罪悪感をいだいている自分を罰しようとするからです。どんな分野でも、自分をコントロールしていると、罪悪感を持つようになってしまうのでしたね。

コントロールを緩めると、それだけ罪悪感も消えていきます。あなたは、自分を、調和に満ちた幸せな人生を送るべき特別な存在だと思いませんか？　ぜひコントロールや罪悪感から解放されましょう。

日記を書くとき、その日のあなたの進歩も必ず書き添えましょう。そのように自分への愛を表現することを忘れないでください。自分への愛に満たされて一日を終えることは、あなたの魂をとても豊かにしてくれるでしょう。そして、食べもの以外の何かのご褒美を自分にあげましょう。

それから、何事も始めのうちは、言葉にして言ってみましょう。たとえば、声に出して、その日の自分の行動でよかったと思うことをほめてあげるのです。そして、食べもの以外の褒美をあげましょう。肉体に関わる褒美にすれば、その行動は容易に習慣化できるはずです。

私のからだよ、ありがとう。あなたのおかげで、今日もいくつかの発見がありました。毎日、自分をよりよく知り、そして受け入れることができています。

まとめ――「食事の日記」エクササイズのおさらい

最後に、本書の中で提案した食生活の日記をつけたいと思う方のために、もう一度そのやり方を詳しく説明しましょう。

この章には、以下の四つが含まれています。

▼毎日食べたものを記録する用紙。この本の最後のところにサンプルがあります。これを拡大コピーしたり、パソコンで自作したりしてください。また、以下のサイトからＰＤＦ形式でダウンロードすることもできます。http://www.810.co.jp/book/ISBN978-4-89295-669-0.html

▼〈私は本当に空腹だろうか？〉と書いた紙（これも巻末にサンプルがあります）を、冷蔵庫

や食べものをしまってある棚に貼っておきましょう。質問が習慣化するのに役立つでしょう。

▼一日の終わりにどんなふうに記録を書き込んでいけばいいのかを、もう一度おさらいします。

▼取り終えた記録の見直し方。

どうか忘れないでください。この記録を取る目的はただ一つ、自分をよりよく知ることです。日中、「この三枚目のクッキーは食べてはいけないわ。夜に日記を書くのが恥ずかしいから」と思うようなら、このエクササイズはやらない方がいいでしょう。それはコントロールから出た態度だからです。誰かに見られることを意識して本当に食べたものを書かない場合も同様です。

この本の目的はコントロールを奨励することではありません。自分をより深く知ることと、今まで意識していなかった未知の自分を発見する喜びを味わうことなのです。

記録の取り方について

まず時刻、その次に、食べたものと飲んだものを書き入れます。夜から始めて、時間をさかのぼり、起床の時まで全部書き出しましょう。水を飲んだ時間と、何杯飲んだかも書きます。

次に、食べたとき空腹だったかどうかに印をつけます。

空腹だった場合、からだが必要としていたものを食べていたら、〈必要に応じて食べた〉の欄に印をつけます。

空腹だったけれど、からだが必要としているものではないものを食べた場合、その右に並んでいる、当てはまる動機の欄に印をつけます。

空腹でないのに食べた場合も、当てはまる動機の欄に印をつけます。

右端の〈関係〉の欄には、食べるのに何らかの影響のあった出来事を書き入れます。

もし、食べる前に〈私は本当に空腹だろうか?〉と聞くのを忘れていることに気づいたら、この質問を台所の目につくところに貼りましょう。いつも意識できるようになり、記録をつけるときに助かるはずです。食べる前の、おなかがすいているかどうかの判断も、すぐできるようになります。

〈信条〉が動機の場合

正しい、間違っている、という判断で食べる場合、また、恐れから食べる場合は、〈信条〉に基づいて食べているのです。次のような状況が考えられるでしょう。

◆食べものを無駄にすることを恐れる。そのため、腐ったり賞味期限が切れたりする前に食べる。食べ残しを捨てるのがしのびないので全部きれいに食べる。他の人が残したものまで食べる。出されたものを全部食べる。パンや前菜、デザートなど、すべてを食べる。レストランやスーパーでは、欲しいものでもなくても、いちばん安い食品を選ぶ。値段が高いものは我慢する。

◆人の気分を害するのを恐れる。本当は欲しくないのに、食べものを出してくれた人に断ることができない。

◆一口食べた後でそれが嫌いだと分かっても、言えない。

◆人の目を気にする。他人からの中傷を恐れて、まわりの人たちと同じようにする。

◆食べておかないと空腹になるのでは、と心配し、楽しみを感じることもなく、義務的に、からだを養うためだけに食べる。

〈習慣〉が動機の場合

◆いつも同じものを食べる。たとえば、朝食にピーナツバターのトースト二枚とか、コーヒーにひたしたクロワッサン二個など。

◆いつも同じ時刻に食べる。

◆子どもの頃しつけられたように、朝食を絶対抜かさず、一日に三回食べる。

◆一度も口にしたことがないからという理由で、未知の食べものを食べてみようとしない。

〈感情〉が動機の場合

◆空腹でないと分かっていながら、心の中にある何かに突き動かされて食べてしまう。

◆食べたいものを選ぶことができず、「何を食べたらいいのだろう?」と自問する。

◆怒り、ストレス、悲しみ、孤独、不満などを、食べることによってまぎらわせようとする。

〈欲望〉が動機の場合

◆匂いに誘われて、食べたり飲んだりする。

◆おいしすぎて、やめることができない。

◆数分前には考えてもいなかったのに、おいしそうなものを見た瞬間、食べずにいられなくなる。

◆料理を目の前に出されると食べたくなる。

◆隣の人と同じものを食べたくなる。

◆見た目や匂いに魅かれる。映画館のポップコーンなど。

◆料理の説明を聞いていると食べたくなる。

〈褒美〉が動機の場合

◆大きな仕事をやり終えた後は、からだに必要ないと分かっていても、食べたり飲んだりする。

◆根をつめて働きすぎた後で、リラックスするために食べる。

◆誰も自分を認めてくれないのが不満で、何でも食べてしまう。

〈怠惰〉が動機の場合

◆自分では何もせず、まわりの人が料理してくれるものを食べる。

◆一人でいる時、何も準備のいらない料理にする。

◆自分で料理するくらいであれば、食べない方を選ぶ。

◆仕事帰りに、出来合いの惣菜や冷凍食品を買う。

これまでの説明では〈食べる〉という言葉を使いましたが、飲みものに関しても同様です。もし、「何を飲んだらいいかしら？」と思ったとしたら、あなたのからだが必要としているのは〈水〉だということを思い出してください。もし水以外のものを飲んだら、フォーマットにある六つの動機の欄のどれかに印をつけましょう。

また、一つの食べものに対して、いくつかの動機が考えられる場合は、複数の印をつけても結構です。たとえば、キャンディを食べた場合、食べたものの欄に〈キャンディ〉と書き入れ、〈感情〉と〈褒美〉の欄に印をつけます。

完璧主義の方へ一言

記録が完璧につけられないからといって、ストレスを感じる必要はありません。ときどきは、どの欄に印をつけていいか分からないこともあると思います。間違っていても大丈夫です。この記録の目的は、その日の自分についてよく考え、自分をより深く知ることなのです。あなたが記録のための時間をとり、前向きな態度でい続けるだけでも、目的は達せられていると言っていいでしょう。

六つの動機について

ではこれから、それぞれの動機について詳しく見ていきましょう。

〈信条〉や〈習慣〉で食べる　あなたは〈思い込み〉に縛られ、支配されていませんか？　子ども時代に学校や家庭で受けた教育によって、〈思い込み〉は形づくられます。つまり、過去が私たちの生活を支配しているのです。

そういう場合、〈恐れ〉によって、直観や本当の欲求はさまたげられ、その結果、人生の喜びを味わう機会を逃してしまうでしょう。また、他の人が提案する新しい考え方を、かたくなに受け入れようしないのも、このタイプだと言えます。

自分が空腹かどうか確かめる時間もとらず、〈信条〉や〈習慣〉から食べる人は、良いか悪いか、正しいか正しくないか、という見方にだけ基づいて食べているわけです。つまり、胃がエゴにコントロールされていると言えるでしょう。

このタイプは、「何かすごいことをやり終えない限り、楽をしてはいけない」と思い込んでいるため、人生を楽しむことができません。また、自分のことを後回しにして、まわりの人たちが満足しているかどうかを気にしすぎます。買い物をするときも、本当に欲しいものではなく、値段で選んでしまうのも特徴です。

〈感情〉から食べる　あなたは、感情の起伏が激しいのに、それを認めようとしません。〈感じる〉ことを拒絶しているからです。怒り、フラストレーション、絶望、悲しみ、孤独など、自分がいだいている感情を直視せず、たいしたことがないと思い込もうとしています。ネガティブな感情が湧き起こるということは、何かに対して期待を持っているからです。相手が自分に対して好意や愛情を表現してくれるのを期待しているのです。

しかし人間には、他人を幸せにする義務はありません。相手がこちらの望むような好意の表現をしてくれないと欲求が満たされず、自分は愛されていないと思い込んで、その不満を食べもので満たそうとします。このように、〈好意を表わしてもらう〉ことと〈愛される〉ことを取り違えるとき、感情が乱れるのです。

〈欲望〉から食べる　あなたは、見たり、聞いたり、感じたりすることから影響を受けやすい人です。自分はまわりの人を幸せにする責任がある、という思い込みを持っています。困っている人のために何かしなければならないと思い、まわりの人の幸福や不幸の責任が自分にあると思い込んでいるため、何かがうまくいかないと罪悪感をいだき、それが食べ方となって現われます。

また、自分にとって大切な人が何かを決めるとき、その人が自分の思った通りに決めなければ気がすみません。あなたの幸福はまわりに左右され、当然のことながら、思い通りにならないことがいろいろ出てきます。あなたはそのギャップを、食べることでまぎらわそうとするのです。

〈褒美〉として食べる　あなたは、自分に対して、限界を超えるほど多くを求めています。完璧主義者で、自分に褒美をあげる前には何か特別なことをしなければならない、と思い込んでいるでしょう。常に、まわりの人からの評価や賞賛を求めているはずです。

しかし、その期待がいつもかなうとは限りません。この世で、人間は、他人を幸せにしなければならない義務を負っているわけではないからです。たいていの場合、期待通りには認めてもらえず、失望します。自分に対してよくやったとほめるよりも、やるべきことに注意が行く傾向にあります。

〈怠惰〉から食べる　あなたは、他人への依存度が最も高い人です。こういう人は好きな人といる時に、一人でいる時とは別人のように態度が変わるはずです。その人の決めることにすべて従い、自分には価値がないと思い込んでいるので、自分のからだの声を聞こうともしません。おいしい煮込み料理などを作ってもらうと、母親を思い出し、恋しくなります。

〈からだ〉に聞いて　食べなさい

この食事の記録は、一週間ごとに見直しをしましょう。からだの声を無視して食べてしまった原因を明確にすることで、あなたに現在どんなことが起こっているのかが分かってきます。詳しいことは第四章に書きました。

最後に　記録を取ってみて、あなたは、自分がいかにからだの声を聞いていなかったかに気づくでしょう。でも、だからといって、自分を責めることだけは絶対にしないでください。このエクササイズの目的は、自分自身を理解し、時にはからだの声を聞けなくてもいいと納得することであって、人生に余計なストレスを与えることではありません。

少なくとも三カ月は記録を取り続けるよう、心からお願いします。きっと素晴らしい効果を経験できるはずです、自分を愛することができるようになり、自分がかけがえのない存在であることが実感できるでしょう。《愛の三角形》を忘れないでください。**あなたが自分を愛すれば愛するほど、あなたはまわりの人を愛するようになり、その結果、まわりの人もあなたを愛するようになります。**

もしかしたら、あなたはこの本に目を通しただけで、まだこの本が提案していることをやってみようと思っていないかもしれません。しかし本書は、あなたのこれまでの〈思い込み〉や〈習慣〉をくつがえして、あなたに素晴らしい未来を開く可能性を秘めているのです。ですから、もし、あなたの心に少しでも共鳴する部分があるなら、ぜひこの本が提案していることを実行してみてください。

本書の翻訳にあたっては、阿部昭子さんにご協力いただきました。
この場を借りて、厚く御礼申し上げます。〈浅岡夢二〉

食事の日記

第　　　週

	時刻	食べたもの・飲んだもの	空腹だった	空腹でなかった	必要に応じて食べた	信条から食べた	習慣から食べた	感情から食べた	欲望から食べた	褒美として食べた	怠惰から食べた	関係
月　日（　）												
月　日（　）												
月　日（　）												

私のからだよ、ありがとう。あなたのおかげで、今日もいくつかの発見がありました。
毎日、自分をよりよく知り、そして受け入れることができています。

	時刻	食べたもの・飲んだもの	空腹	空腹でない	必要	信条	習慣	感情	欲望	褒美	怠惰	関係
月 日（ ）												
月 日（ ）												
月 日（ ）												
月 日（ ）												

私のからだよ、ありがとう。あなたのおかげで、今日もいくつかの発見がありました。
毎日、自分をよりよく知り、そして受け入れることができています。

「食事の日記」は、切り取って拡大コピーしてお使いください。
二枚で一セット（一週間分）になっていますので、見開きの状態で使用すると一週間ごとの見直しがやりやすいでしょう。
下記のアドレスからPDF ファイルでダウンロードすることもできます。
http://www.810.co.jp/book/ISBN978-4-89295-669-0.html

また、上の「私は本当に空腹だろうか？」のマークも、切り取るか、必要なら拡大コピーをして、目につく場所に貼ってください。

◇著者◇
リズ・ブルボー（Lise Bourbeau）
1941年、カナダ、ケベック州生まれ。いくつかの会社でトップセールスレディとして活躍したのち、自らの成功体験を人々と分かち合うためにワークショップを開催。現在、20カ国以上でワークショップや講演活動を行なっている。肉体のレベル、感情のレベル、精神のレベル、スピリチュアルなレベル、それぞれの声に耳をすますことで〈心からの癒し・本当の幸せ〉を勝ち取るメソッドは、シンプルかつ具体的なアドバイスに満ちており、著書は本国カナダであらゆる記録を塗りかえる空前のベストセラーとなった。
http://www.ecoutetoncorps.com/

◇訳者◇
浅岡夢二（あさおか・ゆめじ）
1952年生まれ。慶應義塾大学文学部仏文学科卒業。明治大学大学院博士課程を経て中央大学法学部准教授。専門はアラン・カルデック、ジュリアン・グリーン、リズ・ブルボーを始めとする、フランスおよびカナダ（ケベック州）の文学と思想。現在、人間の本質（＝エネルギー）を基礎に据えた「総合人間学（＝汎エネルギー論）」を構築中。フランス語圏におけるスピリチュアリズム関係の文献や各種セラピー・自己啓発・精神世界関連の文献を精力的に翻訳・紹介している。リズ・ブルボー『〈からだ〉の声を聞きなさい』シリーズや『ジャンヌ・ダルク 失われた真実』『光の剣・遥かなる過去世への旅』など訳書多数。著書に『ボードレールと霊的世界』などがある。

翻訳協力：阿部昭子

カバー写真：© clover/amanaimages

〈からだ〉に聞いて 食べなさい

平成22年4月28日　第1刷発行
平成27年4月10日　第6刷発行

著　者　リズ・ブルボー
訳　者　浅岡夢二
装　幀　フロッグキングスタジオ
発行者　日高裕明
発　行　株式会社ハート出版

〒171-0014 東京都豊島区池袋3-9-23
TEL03-3590-6077　FAX03-3590-6078
ハート出版ホームページ　http://www.810.co.jp

ISBN978-4-89295-669-0
印刷・製本 中央精版印刷株式会社

リズ・ブルボー著作一覧（訳・浅岡夢二）

〈からだ〉の声を聞きなさい ［増補改訂版］
世界を感動させた永遠のベストセラー　本体1800円

〈からだ〉の声を聞きなさい ②
もっとスピリチュアルに生きるために　本体1900円

私は神！ リズ・ブルボー自伝
あなたを変えるスピリチュアルな発見　本体1900円

五つの傷
心の痛みをとりのぞき 本当の自分になるために　本体1500円

〈からだ〉の声を聞きなさい Q&A ［大切な人との関係］編
出会い、恋愛、そして結婚の本当の意味とは　本体1300円

自分を愛して！
病気と不調があなたに伝える〈からだ〉からのメッセージ　本体2100円

あなたは誰？
すべてを引き寄せている〈自分〉をもっと知るために　本体1500円

LOVE LOVE LOVE ラブ・ラブ・ラブ
〈受け入れる〉ことで すべてが変わる　本体1900円

お金と豊かさの法則
〈お金〉と〈こころ〉のスピリチュアルなQ&A　本体1500円

官能とセクシャリティ
[こころ・からだ・たましい]のレッスン　本体1800円

〈からだ〉の声を聞く 日々のレッスン
人生に〈気づき〉をくれる365日のセルフワーク　本体1800円

ガン－希望の書
〈からだ〉の声があなたに伝える スピリチュアルなメッセージ　本体1800円